# すいません、ほぼ日の経営。

聞き手 | 川島蓉子

語り手 | 糸井重里

日経BP社

# すいません、ほぼ日の経営。

聞き手｜川島蓉子
語り手｜糸井重里

# まえがき

川島 蓉子

「ほぼ日刊イトイ新聞」の存在は、以前から知っていた。

糸井重里さんが主宰するウェブサイトで、たくさんの読者がいること。暮らしの周りにあるさまざまなこと――買いもの、文化、学び、仕事などについて、多くの読みものが掲載されていて、商品を販売する「ほぼ日ストア」もある。

そこでは、ほぼ日がオリジナルでつくったものが売られている。雑貨や洋服、食べものなど、ラインアップの幅は広い。

また、ほぼ日と聞いて真っ先に思い浮かぶのは「ほぼ日手帳」だろう。二〇〇一年に発売されてから、愛用者が毎年増えているロングセラー商品であり、ロフトをはじめとするリアル店舗でもよく見かけるようになった。

糸井重里さんについては、これまでに多数の名コピーを生み出した人物として記憶が濃い。

一九七〇年代から一九八〇年代にかけてのコピーライターブームを巻き起こしたひとりだ。それくらい、大きな存在感を持っている。糸井さんはその後も、作詞や執筆などの多彩な活動を続けていて、発信する情報や活動の幅や奥行きに、心動かされてきた。

「ほぼ日刊イトイ新聞」が始まって二〇年。一日も欠かさずに巻頭コラム「今日のダーリン」をつづって、コンテンツの幅を広げている。東京・青山と京都の「TOBICHI」という空間ではたくさんのイベントを開催するなど、ユニークなモノやコトを生んでいる。

特にこの数年の糸井さんとほぼ日の活動が、私はとても気になっていた。「ほぼ日刊イトイ新聞」というネット上の活動から飛び出して、多数のユニークな商店を集めた「生活のたのしみ展」を開催したり、新しい学びの場「ほぼ日の学校」をスタートさせたり、とにかく話題が尽きないのだ。

二〇一六年一二月に社名を「株式会社東京糸井重里事務所」から「株式会社ほぼ日」に変更して、二〇一七年三月には東京証券取引所のジャスダック市場に上場した。

ほぼ日という会社が、次々とおもしろい企画を発信していることに興味を抱くのと同時に、なぜ株式上場したのかということにも、ずっと疑問を抱いていた。

糸井さんが率いるほぼ日では、規模の拡大や利益の向上を追求するよりもむしろ、クリエイティビティのある仕事をみんなが自由に手がけている。そんなふうに見えていた。それなのに、市場の原理に組み込まれるような株式上場を果たしたのは、糸井さんやほぼ日の活動にはそぐわないのではないか。

ほぼ日は、どこに向かうのだろうか――。

そんな素朴な疑問から、糸井さんに取材を申し込み、本書は始まった。

私はこれまでにもいろいろな経営者にインタビューを重ねてきた。その経験から言えば、クリエイティブな視点を持った経営者はそれなりにいて、成功を収めている人も多い。

一方で、クリエイター出身で企業経営に向き合おうとしている――言い換えれば、経営者の道を究めようとするクリエイターは、実はとても少ない。才能あふれるクリエイターの大半は、優れた作品を生み出すことにエネルギーを注いでいるからだ。
けれど、糸井さんは違った。
まっとうに経営者としての道を探り、歩みを進めようとしていた。
急ぎすぎず、のんびりしすぎず、会社と社員が成長することを考えていた。

糸井さんは、もともとフリーのコピーライターで、組織に身を置いたことはほとんどない。それなのに、活動の幅を広げる過程で事務所を立ち上げ、一〇〇人以上が勤める企業をつくりあげた。

一方の私は、大学卒業後に伊藤忠商事の事業会社のひとつである伊藤忠ファッションシステムに入社して三五年目。転職をしたこともなければ、フリーとして活動した経験もない。根っからの組織人であり、よくも悪くも日本企業の価値観が、骨の髄《ずい》までしみこんでいる。
そんな私が、糸井さんにほぼ日という会社の目指す先を聞いていった。

インタビューは、驚きと発見の連続だった。

事業、人、組織、上場、社長——。企業の根幹を支える部分について、なにを考え、どのように向き合っているのか。糸井さんが語ってくれた話の数々は、長年の会社員生活を通じて、私の中にインプットされた常識をくつがえす内容ばかりだった。

たとえば、ほぼ日ではアイデアの質や発想を大切にしている。いいアイデアは独自性のある事業につながり、利益を生み出すという哲学が根底にあるからだ。

「それくらいなら、フリーでもできる」と思う人もいるかもしれない。

だが、そうではない。

思いついたアイデアを仲間と話し合い、よりよいものへ高めていく。みんなで「やろう」と判断したら、着実に実行する。そこで、お客をはじめとする周囲の反応を受けて、さらによいものへ進化させていく。

これは、「組織」でなければ実現し得ない。ほぼ日ではこういった好循環の化学変化が、いたるところで起こっている。

選ばれた一部の天才だけが優れたアイデアや発想を生み出せるわけではない。筋トレのように日常的に鍛えることで、社員全体が自律的にアイデアを生み出し、実現するようになっていく。それが根づけば、おのずと稼げる会社になる。

気の遠くなるような地道な取り組みだけれど、それを真剣に形にしようとしているのが、ほぼ日のようだ。


またほぼ日では、社員同士が互いに学び、感謝し合う人間関係をつくろうとしている。

社内には大規模な事業も小規模なプロジェクトも混在していて、それぞれが独自性を発揮しながら受けいれられ、規模に合った利益を得ようとしている。

普通の会社は、大きなプロジェクトを動かして莫大な利益を確保することや、仕事のプロセスをできるだけ効率化することで生産性を上げていく。

けれどほぼ日では、規模が大きいことは企業側の論理であって、受け手や働き手の論理になっていないのではないかと考えている。それよりも、多様なものや独自性あるもののほうが豊かな価値を生み出すのではないか。糸井さんはそんな思想を抱いている。

糸井さんがほぼ日を株式上場しようと決断したのも、この思いを社員が受けとめ、成長するために必要なことだという考えが、根底にあったようだ。

株式上場するとどうしても、企業は株主から利益の拡大を前提とした成長戦略を求められる。そして経営者は、短期的な利益の確保を優先しがちになる。

それなのに、なぜ糸井さんは上場を選んだのか。疑問を投げかけると、そもそも上場に対して、正面から取り組もうとしている姿が見えてきた。

「生き生きと働くとか、楽しそうに仕事をしているとか、そういうところで勝負する会社にして、幸福を基準とした資本主義のようなことができないか」——糸井さんが会社を率いながら考えてきたこと、やってきたことには、「働くとは」「会社とは」、ひいては「生きるとは」という問いに対する本質的な答えがちりばめられている。
それはきっと、本書をさいごまで読んでくだされば、みなさんにも伝わるはずだ。
ほぼ日の経営について、まるごと糸井さんに聞いてきました。
ひとりでも多くの方に読んでいただけたら幸いです。

装丁　佐藤 卓
日下部昌子（株式会社　ＴＳＤＯ）

第一章

# ほぼ日と事業

ほぼ日は、ウェブサイト「ほぼ日刊イトイ新聞」を企画・運営するとともに、オリジナル文具や日用雑貨などを、インターネット上の「ほぼ日ストア」で販売している。「ほぼ日ストア」には、独自性豊かなさまざまな商品が並んでいるが、中でも二〇〇一年に発売された「ほぼ日手帳」は年間八〇万冊近くを売るヒット商品になっている。

ほぼ日では、おもしろいアイデアを生み出すことが事業の起点にある。そしてそれは、社長の糸井さんだけの仕事ではなく、社員それぞれの発案で始まるのだという。しかも、つくって売る過程では、市場調査や営業活動を積極的に行うわけではない。

では具体的に、どのような流れでアイデアを形にして、売っていくのか。

最近では、ものづくりにとどまらず、新たな試みもいくつか始まっている。たとえば、二〇一七年からスタートした「生活のたのしみ展」。リアル店舗が軒を連ねる商店街のようなイベントを、ほぼ日では期間限定で開いている。二〇一八年からは、リアルな場所で古典を学ぶ「ほぼ日の学校」も始まった。

ほぼ日では、どのような流れでプロジェクトを進めているのか。そして急激に事業を広げているのはなぜか。
まずは、ほぼ日の「事業」について聞いた。

**――ほぼ日のプロジェクトの進め方について聞かせてください。**

**糸井**　うちのプロジェクトは、誰かが「これをやりたい」と思ったときに、もう発生しています。そして隣の席の人に「こういうの、どう?」と聞いて、「私は好きです」となったら、さらに進んでいきます。

**――糸井さんは、どの段階でプロジェクトの可否を判断するんですか。**

**糸井**　そのあたりで本人からぼくに相談があるわけです。「これ、どうでしょう」って。

**――いきなり社長に相談ですか。そういうときの糸井さんのコメントは厳しそうです。**

**糸井**　そんなことはありません。「これはダメです」ということはあまりありません。ただ、どこかにやり残している部分があることが多いので、「そこをもう一度考え直してみてよ」と言うことはあります。

**――一発OKもあるんですか。**

**糸井**　最近よくなってきましたが、それでも「すごくいいじゃない！」ということは、そうはありません。そもそも周囲をまき込めるだけの力があるアイデアは、そんなに多くありませんから。

いい事業はアイデアありきで始まるものだと思っているので、みんなから相談されるアイデアはとても大事にしています。ただ、じぶんのアイデアがいいかどうかがわからなくて、自信をなくしてしまう場合もあります。だからまずは、じぶんで考えたことを社内で聞いてみる。そこで足りないと思ったら、もっと考えたらいいわけです。

大切なのは、その人に「やりたい」という思いがあって、「方向」が決まっていて、まったく的外れではないことです。それさえしっかりしていれば、あとはチューニングしながら進められます。

結果は、極端に言えば、「失敗したぁ！」でもいい。失敗から次のなにかがうまれることもあるわけですから。ぼくはよく、「失敗しても、それは失敗じゃないんだ」と言っています。失敗したことでその理由がわかれば、ノウハウがたまって、あとからいろいろなことができます。

**――失敗してもいいなんて、ちょっと驚きます。**

**糸井**　いまは「誰よりも早く手をつけて成功しなさい」という声の大きい時代です。でもそんなに急かされたら、うまくいくものも考え不足や準備不足でダメになって、みんなが倒れてしまいます。もう少し落ち着いてもいいんじゃないでしょうか。

――そうやって発生したプロジェクトは、どのように進んでいくんですか。

**糸井** アイデアがまとまってきたら、今度は「あの人に聞いてみよう」「この仕事をやってくれたらいいな」と社内や外部の人を集めたりします。

うちには正式になっていないプロジェクトが山ほどあります。社内外の人たちも加わって、みんなが「いいんじゃない」となって、ようやく正式なプロジェクトになって、予算がついたり、幼名がついたりするわけです。

## 企画書や会議はいらない

――プロジェクトチームのメンバーは、糸井さんが決めるのですか。

**糸井** それまで一緒にやっていた人たちが基本になります。社員同士が「頼んでいいかな」と言ったり言われたりするのは、すごいことだと思っています。

仲間から声をかけられるのは、うれしかったり、自信につながったりしますから。

**——あえて聞きますが、「あの人はいっぱい声がかかるけれど、私は声がかからない」ということもありますよね。**

**糸井**　当然、あります。ですが、ぼくは基本的に放っておきます。それでも、様子を知っている人たちが、どこかのタイミングで「入ってくれない？」と声をかけたりしています。そういうことも、ここでは割合、自然に起きています。

**——組織としては理想的ですが、そんなことが本当にあるんですね。**

**糸井**　そのほうが実は快適だと、みんながなんとなく、わかっているんでしょうね。

**——つまりほぼ日のプロジェクトは、誰が言い出してもいいし、どんなチームで始めてもいい。最初に「企画書を出せ」とか「進捗《しんちょく》を報告せよ」ということがないわけですか。**

**糸井**　一切ありません。ただそのアイデアを、本人が本当におもしろいと思ったのか、周りの人が本当におもしろがったのか、ということは問われます。

**――おもしろいかどうかは、なにがものさしになるんですか。**

**糸井**　とりたててありません。「おもしろい」は主観ですから。「あれは客観的におもしろかった」ということはありませんよね。

ただ、おもしろいと思ったからなんでもいいわけではなくて、じぶんがおもしろいと考えた要素はなんなのかを深く考えたり、探ったりしておくことは大切ですね。

**――たとえば、どんなことですか。**

**糸井**　「共感」がおもしろいということもあるかもしれません。女の人の井戸端会議は、おそらく共感の山なんです。「そうよねぇ」「わかるわ、それ」という言葉だらけです。

ただ、それだけだと居心地はいいけれど、おもしろくはなりません。「えっ、そうなの?」「知らなかったわ」という意外なものが混じってくるほうがおもしろくなっていきます。

**――たしかに井戸端会議のおしゃべりの中に、そういう会話はよくあります。つまり共感と意外な驚きが一緒にあることが、おもしろさにつながっている。**

**糸井**　ほぼ日では、ぼくだけでなくて、みんながそうやっておもしろいことを考えてきました。そして社員の誰かが考えたおもしろさが、チームでつくるプロジェクトにつながっていく。そこで、またおもしろいかどうかの意見を言い合って、コンテンツとして世の中に出していく。そういう方法を続けているんです。

**――チームのメンバーを糸井さんが決めないなら、リーダーを誰にするか、メンバーそれぞれの役割をどうするかは、誰が決めているんですか。**

**糸井**　言い出した人がリーダーのような役割になります。メンバーの役割分担は最初からはっきりと決まっていなくて、進めながらだんだん決まっていきます。「そこは私がやっておきます」「お願いします」とチームが動いていくわけです。

## 他社の商品はリサーチしない

**――具体的なプロジェクトの進め方について教えてください。ほぼ日と言えば、なんといっても「ほぼ日手帳」の存在が大きいですよね。ロングセラーとなって、年間八〇万冊近いヒット商品に育っています。**

**糸井**　あれは二〇〇一年にスタートしました。ほぼ日手帳は、社員のひとりが「ほぼ日読者の生徒手帳をつくろう」と言い出したことから始まりました。

「うちは読者とすごく親しい関係を築いているので、ほぼ日というコミュニティに入っている証のようなものがあったらいいな」という発想でした。

それはいいとスタートしました。

**――そこから、どういうふうにプロジェクトが進んでいったのでしょうか。**

**糸井**　まずはつくってみよう、ということから始まりました。

当時、若くて一番ひまそうなスタッフに「担当をやってみたら」と言ったら、その人がすごくたくさんの手帳を買ってきて、事務所の一室に広げて、うんうんと考えていました。

ぼくは「そんなことはすぐにやめなさい」と言いました。ほかにないものをつくろうとしているのだから、ほかのものを見て考えても意味がありません。「そんなことより、ぼくともう少し手帳について話そうよ」と言ったんです。

たとえばぼくは、昔から手帳をスケジュール管理のためだけに使ったことがなくて、文庫本サイズのメモ帳を持ち歩いて、いろいろなところで思いついたことを書き込んでいました。文庫本の余白に思いついたことをメモしたり。そういう手帳はつくれないかな、という話をしました。

**――糸井さんのアイデアをたくさん盛り込んだわけですね。**

**糸井**　そうではありません。ぼくも意見を言いましたが、「やりたい」と言った社員にも意見をたくさん出してもらって、話し合いました。やっぱり一番考えている人の意見を尊重することが大事ですから。

チームでたくさん話し合って、一日一ページにするとか、一八〇度開くつくりにするとか、裏にうつらない紙を使うとか、なにか言葉を入れてみようとか、「こういうのがほしい」というぼくらの考えを、印刷や製本のプロと相談しながらつくったんです。

## 誰も解けない難問につっこんでいく

――新しいことを始めるとき、普通の会社だと「失敗のリスクは」とか「どれくらい利益が出るのか」と問われます。そして企画書をつくって承認を得る。そのあとも中間報告書を提出したりするような手続きがたくさんあります。それを通ってサンプルができたら、今度は消費者調査にかけて検証したりします。ほぼ日手帳では、そういうマーケティングはまったくしなかったんですか。

**糸井**　やりませんでした。たとえば試験の問題を解くとき、秀才はすぐに解ける問題を片づけて六〇点くらい確保してから、答えのわからない問題にかかるそうです。

だけど、わからない問題から解いてみたら、あっと驚く答えに行きつく可能性もある。手間がかかって、ほかの問題にかかれなくて、一〇点しか取れないかもしれませんが。

うちはどちらを選ぶかというと、取れるかどうかわからない四〇点を大事にしているんです。もっと言えば、誰にも解けない一%の難問に、あえてつっこんでいくことが重要だと考えています。


**――総合点数が稼げないかもしれないのに、わからない問題から始めてもいいんですか。**


**糸井**　ほぼ日にとっては、それが一番大事なことだと言っていいかもしれません。

手帳については、素人が初めてつくったわけですから、知らないことばかりで、ものすごくおもしろかった。つくっていく中で発見がたくさんありました。

さきほどの試験問題の例で言えば、へんな問題を解いている最中に、「なに、それ?」「どうなの?」と周囲に人垣ができるようになれば、そこで入場料が取れるようになります。お客さんが、「あの人はなにかへんな問題を解いているぞ」と寄ってくるからです。

**——解いているプロセスがおもしろそうだということですね。**

**糸井** そう。手帳でも、そこをなんとかしてみようということになって、「ほぼ日」のコンテンツとして公開したんです。そうしたら読者がついて、将来のお客さんをたくさんつくってくれました。

そんなところから始まって、少しずつお客さんが増えて、手帳の販売が伸びていきました。

**——マーケティングの世界では、ターゲットとなる顧客を明確にせよ、とかならず言われます。手帳ではターゲットを設定しなかったんですか。**

**糸井** うちではしていません。その代わり、じぶんがお客さんになったら本当によろこぶかどうかを、本気で考えることにしています。「じぶんはどんなことでうれしいと思うんだろう」「人はどんなときにうれしいと思うんだろう」としつこく自問自答し続ける。

ぼくらの仕事は、そこをつきつめることがとても大事だと思っているからです。

**——そこにはどうしても、じぶんとお客さんの「好き」「嫌い」が入ります。それも普通の会社だと、たいていは「好きか嫌いか」よりも、「いいか悪いか」が問われます。**

**糸井** 「いい」「悪い」で判断するようになると、みんながどんどん同じになります。なぜかというと、「悪い」より「いい」を選ぶからです。だから、「いい」「悪い」で判断しなくていいんです。

「好き」と言っているものは、やっぱりどこかに魅力の分量がたっぷりとあります。

ただ、簡単に「好き」「嫌い」を決めるのではなく、「じぶんがなにを好きと言っているのか」ということを、ものすごく考えることが大切です。

「どうして好きなのか」「どこが好きなのか」を、じぶんと仲間に問い続ける。

クリエイティブは、ひとりの人間が本気で「好き」「嫌い」の正体を探っていくところから生まれます。これは、忘れてはいけないことだと思っています。

商品を出すときも、「売れるかなあ」ではなくて、「これは売れるぞ、もう売れるに決まっている！」というものをつくる。なんとかそこまで持っていくようにするんです。

**――お客さんに聞いて調べるわけではないんですよね。**

**糸井**　お客さんに聞いたからといって、答えが出るわけではありません。ほとんどのお客さんは、じぶんがなにをほしいのか気づいていないのではないでしょうか。こちらからお客さんに、「もしかしたら、あなたがほしいものはこれじゃないでしょうか」と見せて、初めてわかることのほうが多いと思うんです。

**――たしかに世の中にたくさんある商品の中で、「つまらないな」と感じるのは、お客さんではなく、会社や売り場の都合が浮かぶようなものだったりします。**

**糸井**　うちが少しだけ得をしているのは、お客さんと直接つながっている部分だと思います。大事にしていかなければならない財産ですね。

**――そこも含めて「売れるに決まっている!」というアイデアを、ほぼ日はつくっているということですね。**

**糸井** 簡単なことではありません。けれどお客さんのよろこぶ姿が浮かびあがるようなアイデアはどこかにあるはずだし、それを探したり見つけたりする活動は、ぼくらが最も大切にしていることなんです。

## お客さんにプレッシャーをかけたくない

**――ほぼ日手帳では広告や宣伝はやってこなかったんですよね。**

**糸井** 広告や宣伝に限ったことではなく、「この手帳を使うと、こんないいことがあるぞ」ということも、あまり言わないようにしてきました。買ってくれる人にプレッシャーをかけるのはあまりよくないので。

買ってくれた人が、手帳に縛られてしまうのがいやだったんです。手帳があって楽しくなるのが一番いいことで、それをずっと押し出してきました。


**――どうしたらお客さんによろこんでもらえるか、ということですね。**


**糸井**　手帳って、いいことだらけなんです。手帳を使いながらなにかを考えて書く行為はすごいことで、これを繰り返している人は、だいぶいいことがある。

消えたり、忘れたりするようなアイデアは、たいていの人が持っています。けれど、思いついたことを書いておくだけで、あとで「ああ、ここに書いてあるから」と役立つこともあって、すばらしいネタ帳になります。

また手帳に書くことは、スマートフォンのアプリを立ち上げて書くのとは少し違います。すぐに生の言葉が手帳に乗っかる。

そういう独特のメリットが手帳にはたくさんあります。そしてぼくらは、そんなメリットを前に打ち出していなかったのに、買ってくれた人たちが、じぶんたちの使い方をどんどんと生み出してくれたおかげで、いいところがさらに見つかっていきました。

**――意図した以上に広がったわけですね。**

**糸井**　最初はなにも意図していなくて、よくわからないまま、「こういうのがあったらいいぞ」と始めていきました。そしたらたくさんのお客さんに使い方が伝わって、「だったら、もっとこうできるかも」と続けてこられたんです。

## 「心」の問題を大事にする

**糸井**　この間、中国・上海のビジネススクールの学生たちが来て、「『ほぼ日』で売っているものは手帳ひとつとっても、まねできない要素はなにもないですね」と言ったんです。「大きい会社が仕掛けてきたら危ないですよね。どう考えていますか」という質問を受けました。

この質問には、「心」の問題がまったく入っていませんでした。

ぼくは、お客さんはかならず「心」の問題をわかってくれていると思っています。ビジネススクールの学生が言うように、大企業がうちの手帳と同じものをつくって、○○倍の量を売ろうとしたとします。「ほぼ日よりもはるかに安くすれば、みんながほしがるよ」というビジネスモデルも描けます。

けれど、それは間違いです。

どうしてダメかというと、その手帳には「心」の問題が抜けているからです。


**――ほぼ日手帳は、使い勝手がいいとかデザインがかっこいいとか、ものとしてのよさもあるけれど、その周辺には目に見えないほぼ日の価値観も宿っていて、その価値が手帳を支えているように感じます。**

**糸井** 「心」が宿っていると感じるのは、人の「心」がそこで動いている、つまりアイデアになっているからです。アイデアというのは、まずじぶんが「これでやっていけるかもしれない」

と未来につながるなにかを感じて、そこに「頑張れば芽が出る」という力が込められて、そこで初めてつよさを持つ。

そういうアイデアは、周囲から「あいつ、バカだよな」と言われても、つい引き寄せられる。人をよろこばせるもとにもなる。簡単にまねることはできませんよね。

## ほぼ日手帳は、みんなが営業してくれた

**糸井**　ほぼ日手帳は当初、「ほぼ日」の中だけで販売していました。うちには営業がいないので、ほかの小売店では販売していなかったんです。

それがある日、社員のひとりが「ロフトで売れたらいいな」と言いだしたんです。そのとき、ちょうどロフトのホームページで「オープンバイイング」という商品の公募制度があることを知って、申し込んでみることにしました。「一〇〇〇冊とは言わないまでも、五〇〇冊くらい取り扱ってくれたら……」と。

ロフトの中には、ほぼ日手帳をすでに知っている人と、知らずに「この高い手帳はなんだろう」という人、「糸井さんのところだから、上司から言われたのかな」という人、いろいろいたようです。

ただ助かったのは、ロフトの社員の中に「ほぼ日手帳があったらうれしい」と言ってくれた人がいたことです。ロフトからの要望は、「一万五〇〇〇冊を納入してほしい」ということでしたが、最終的には一万七〇〇〇冊が納入されました。

うちにとっては、リアルな売り場にほぼ日手帳を置くのは初めてでしたが、そこで不思議な現象が起きたんです。友だち同士のような二人組のお客さんが来て、ひとりがもうひとりに向けて、「この手帳はこういうもので……」と熱く語っていたようなんです。そして、二人でほぼ日手帳を買っていった。手帳のファンの人が、使うよろこびをほかの人に営業してくれて、それが伝わっていった。それはとてもうれしかったですね。

この話を聞いて、うちには営業はいないけれど、みんなが営業してくれたのかもしれないと思いました。

**——いまでは、ロフトの文具の中でも売上高ナンバーワンを続けているそうですね。**

**糸井**　おかげさまで、一四年連続で一等賞をもらっています。その財産の正体は、結局のところ、お客さんからの「信用」です。

じぶんが「これをやりたい」と思ったことを、チームと一緒に実践して、うまくいったらうれしいですよね。また次をやってみたくなるのは、みんな同じだと思うんです。うまくいったら、もっとお客さんによろこんでもらうにはどうしたらいいのかと考えて続けることも大事です。

たくさんの意見を出して話し合って、一年がかりで次の年の手帳をつくっていく。いくつものアイデアを練り込んで、進化させてきました。

**——でも、手帳のようにうまくいくプロジェクトばかりではないと思います。**

**糸井**　思ったほどじゃなかった、ということも当たり前のようにあるわけで、そのときも、

「どうしてダメだったのか」と考えることが大事になってきます。

## 手帳にはみんなの「LIFE」が書かれている

――手帳は、「LIFEのBOOK」と呼ばれています。

**糸井**　ほぼ日手帳は、もう手帳という言葉だけでは定義できなくなってきています。単に予定を記録するだけのスケジュール帳ではないし、ダイアリーでもない。ノートでもない。

これはなんだと思ったら、みんなの「LIFE」が書かれているということでした。「LIFE」という言葉には、瞬間の「命」という生っぽい意味と、「人生」という大きな意味の両方があります。手帳はそれと同じだと気づいたんです。

一日一ページに書かれたことは「LIVE＝ライブ」だけれど、それをミルフィーユのように重ねていったら「LIFE＝人生」になる。そういう「LIFE」がつまった手帳は、それ自体が自叙伝であり、伝記でもあります。

あとから読み返すと、そこにあらわれてくるのは「ＢＯＯＫ」です。それは「いい時間」とも深い関係がある。

**――「いい時間」ですか。**

**糸井**　たとえば映画は、中身がわかっていないのに、「どうなのかな」と見にいきますよね。そこで過ごす二時間が「いい時間」になるかどうかは、まだわからない。見終わっておもしろかったときに初めて「ああ、おもしろくてよかった」と思ったりする。そこでようやく、「いい時間」を手に入れるわけです。

たぶん人は、「映画を見たい」というよりも、「いい時間」を過ごしたいんです。そのときの「いい時間」は「いい人生」のこと、つまり「ＬＩＦＥ」じゃないかと思っているんです。

一〇年間結婚していた人が、パートナーと別れてしまったとします。好きで好かれて一緒になったのに、さいごは二度と会いたくないと思うようになってしまった。

そして離婚をしたあと、結婚生活一〇年のうちの何年くらいが「いい時間」で、何年くらいが「悪い時間」だったかは、案外わかるものですよね。

じぶんが過ごしている時間が、「いい時間」だったかを価値づけられるのは、ものごとの前後であって、渦中ではない。だから素敵に見えるわけです。

ジェットコースターもそうで、「きゃあ!」と言っている渦中は楽しくなくて怖いんです。そして降りてから「ああ、おもしろかった」と言いますよね。

**——渦中にはつらいこともあるし、怖いこともある。でも渦中の前のワクワク感とか、渦中のあとの達成感は「いい時間」になっていく。仕事だってそうですよね。**

**糸井**　「夢中になれて楽しかった」ということもあれば、「いやいやだったけれど、あとで振り返るとよかったな」と思えることもある。うちは「楽しかった」「うれしかった」という渦中を、たくさんつくっていきたいと考えています。

**手帳を通して共有しているもの**

**――手帳はまさに「いい時間」そのものであり、だから「LIFE」なんですね。**

**糸井**　手帳は毎日のように接するものだし、手帳にものを書いている時間はじぶんひとりです。そんな時間を持っている人たちがお客さんであるというのは、ものすごくありがたいことです。「いい時間」を過ごすお客さんと、ぼくらはつながることができていますから。共有しているものの広さと深さが大きい。

ときどき「手帳ミーティング」を開いて、手帳を使っている人たちが集まって、じぶんの手帳を見せながら「こういうふうに使っている」と言い合うんです。オフ会のようなものですが、みんながすぐに仲良くなります。

なぜかと考えたら、お互いに敬意があるからです。おそらく、一人ひとりが誰かに大事にされているという敬意みたいなものが持てているんじゃないでしょうか。

いまは「あなたはなにもしなくてもいい」という商品ばかりが売れる時代です。でも手帳は、あなたがなにかをしなければいけない商品です。使いながら完成させていくものです。ぼくらは、いわば未完成品を売っているわけで、それを完成品にするのは使う人です。

別の言い方をすると、それは使う人を信頼してゆだねている。そういったことが敬意につながっているのではないでしょうか。

**――糸井さんの言う「心」の問題は、パターン化やノウハウ化が難しいと思います。深くて個別のことだから、マーケティングは通用しづらいのではないでしょうか。**

**糸井**　世の中にたくさんあるマーケティングなどの本について、書かれてある通りに実践することに意味があると、ぼくは思っていません。

なにかで成功した人は、ほかの道を選ばなかったから成功にたどり着いたわけです。たとえば成功した八百屋さんの本があったとして、ほかの人がそのノウハウを読んでも、おそらくブレるだけだと思います。八百屋さんで成功した人は、ほかの道を選ばずにそれだけをやってきたから成功できたわけです。

けれど、その八百屋さんの成功物語を読んだ人はまだなにも選んでいない。その違いは実はものすごく大きいんです。

**——手帳をやってきたほぼ日には、それだけをやってきたつよみがある、と。**

**糸井**　つよみかどうかはわかりません。けれど、手帳を一〇〇万冊くらい売ってみたいねと言ったとき、嘘のように聞こえていたのが、ついこの間のことです。だけど、二〇一八年版のほぼ日手帳は八〇万冊近く売れました。

**——手帳が売れたことは、ほぼ日をどう変えたんでしょうか。**

**糸井**　「ほぼ日」という言葉を手帳のことだと思っている人がいるくらい、インターネットメディアの限界のようなものを、手帳によって越えることができました。手帳のお客さんのおかげで、ほぼ日の土台がしっかりしたのは、すごくありがたいことでしたね。

## クリエイティブには「供給源」が必要

**——手帳の話を聞いて、「おもしろいアイデア」が大事だということはよくわかりました。どんなものが、アイデアのもとになるのでしょうか。**

**糸井**　コピーライター時代のぼくは、アイデアの「供給源」を頼りにするような仕事は、現象に踊らされているようでいらないと考えていました。「そんな仕事、クリエイティブじゃないぜ」と。

それが、「ほぼ日」を立ち上げてからはがらりと変わりました。クリエイティブの「供給源」について深く考えるようになりました。

チームで仕事をするようになって、「ゼロから生み出すクリエイティブなんて案外ないぞ」と気づいたんです。

クリエイティブにはやっぱり「供給源」が必要です。それは成功しているものを模倣することとはまったく違う話です。

**――クリエイティブの「供給源」とは、どのようなものですか。**

**糸井**　おもしろいことを考えている人や、おもしろいことをやっている人は、みんなクリエイティブの「供給源」です。

ただし、新しいコンテンツの「供給源」となってくれる人からなにかをもらったら、ぼくたちも新しいコンテンツの「供給源」になっていかなくてはダメだと思っています。つまり、お互いにクリエイティブを反射し合う、というようなことです。

ぼくが、ある作家の仕事に感銘を受けて、その作家の展覧会を開いたとします。ぼくはその作家からクリエイティブをもらい、お返しをした。展覧会には作家の友だちが来て、そのうちのひとりが「この展覧会、いいね」と言ってくれた。もうひとりは、「俺もここでやらせてもらおうかな」と言ってくれたとします。

その段階で、うちは二人の作家という「供給源」を手に入れたことになります。ひとりの作家を仕入れたら、次に二人の作家を仕入れることができるようになった、とも言えます。

**――お互いのクリエイティブを交換しているということですね。交換が成立しないこと、つまり「供給源」の作家が「どうかなぁ」と思うこともあれば、場所を持つ糸井さんが「どうかなぁ」と思うケースもあるんですか。**

**糸井**　もちろんあります。「あの作家がここでやるのはどうかなぁ」ということもあるだろうし、「いい時期が来るまでもう少し待つか」ということもあるでしょう。

それを一つひとつつめながら、クリエイティブの仕入先を決めていくんです。仕入れるコンテンツやタイミングは、お互いのためによくよく考えなくてはいけません。

**――ほぼ日はクリエイティブの「もと」を仕入れて、ほぼ日のクリエイティブをつくっているということでしょうか。商売して売るということも含めて。**

**糸井**　そうです。うちはじぶんたちのほしいものをつくることを基本にしていますが、うちだけではものをつくれません。だから外の人たちと一緒になって、お客さんを入れて、みんながよろこぶ「場」をつくれないかと考えてやってきています。

## 失敗も含めて引き受ける

**――ほぼ日は、たくさんの外部の人たちとコラボしていますね。**

**糸井**　外の人とコラボする仕事も、「ほぼ日とやったので楽しかった」とか、「こういうところが変わりました」と言われるとやっぱりうれしいですね。

**――企業のコラボプロジェクトでよくあるのが、デザイナーの先生にお願いして、結局はその先生に言われた通りのものをつくって終わり、というパターンです。それではあまり意味がないと感じています。**

**糸井**　簡単なことではありません。そのデザイナーさんの動機を失わせてもいけませんから。一生懸命やってくれて「これです」というものが、「なにか違うな」というときが、実は一番難しい。

「もう一度考えてもらえますか」と言えたとしても、次のものが意図通りになるわけではないし、二度と付き合わないような関係になってしまう可能性もあります。

**――そういうときは、なにを大事にすればいいんでしょうか。**

**糸井**　とても難しい問題で、こうすればいいという解決方法はありませんが、たとえば一つの考え方としては、骨董屋との付き合いと同じように、ハズレも含めて買うことです。

骨董屋と付き合っていると、むこうの事情で「これを引き受けてほしい」ということがときどきあります。そのとき、「しょうがないなあ」と思いながらも、だまされてあげる。

**――ときにはハズレもあると思いながら、一緒にやる。**

**糸井**　骨董屋に限ったことではなくて、「一番いいものだけをぼくのところにくれ」「損はしたくない、得をしたい」という人とは、長くは付き合えないし、付き合いませんよね。そんなのは息がつまってしまいます。

損得やメリットだけを一方が追求するとよくありません。そこはコストとして見ていないと。失敗も含めて引き受けてもいいじゃないかとぼくは思っているけれど、これも正解かどうかはよくわかりません。

**――成功ばかりが続くわけでもないし、失敗だけが続くわけでもない。両方あるんだということを前提にやってみる。お互いの信用関係がないと難しいことですね。**

**糸井**　けれど、さいごには一緒にやっていてよかったね、と言い合いたいですよね。

日本の会社って、有名な外部デザイナーと仕事をするとき、社員になにか教えてくれることを期待していますよね。ぼくも「この仕事が成功したらそれでいいや」ではなくて、「あなたの力をぼくらに分けてください」という気持ちが少なからずあります。ほぼ日のみんなに分けてもらうよう、お願いすることもあります。

たとえばグラフィックデザイナーの佐藤卓さんと仕事をしているときには、卓さんのところに一緒に出かけていったり、みんなで卓さんのプレゼンを見たりして、「どれがいい？」と投票をするようにしています。

そうすれば、「方法を分けてもらう」ことと「課題を解決してもらう」ことの両方をしてもらうことになりますから。

**――「方法を分けてもらう」はわかりますが、「課題を解決してもらう」とは。**

**糸井**　仕事を頼むということは、「課題を解決してもらう」ことですよね。この旗のデザインをお願いしますと依頼して、旗ができることが解決です。

一方で、その旗がどうできて、これからどんな役割を果たすかは、「方法として分けてもらう」ことです。

ぼくは両方ほしいと思っています。解決しながら、社員にも分けてほしい。そこまでギャラに入っていませんと言われたらおしまいですが（笑）。それでも、できることならみんなの水準が上がるきっかけになったほうがいい。欲ばりかもしれないけれど、大事なことだと思っています。

## 農業のように毎日続けていく

**——これから、手帳はどうしていこうと考えていますか。**

**糸井** 可能性はまだまだあると思っています。最近は外国のファンがずいぶんと増えています。一番は中国で、二番がアメリカ。手帳は、いま使っているお客さんがもういやだと言わないだけでも、なかなか難しいことです。

だから外国に出ることと、新しいお客さんをつねに足していくことを、両方続けていかないとダメですね。

**――さきほど二〇一八年版の手帳の販売部数が八〇万冊近くになったとうかがいました。外国でもっと売れて、八〇万冊、九〇万冊になっていくことも目標の一つですか。**

**糸井** そういうことだけではありません。販売部数も一〇〇万冊で終わるわけではないかもしれません。ただ、ぼくらの仕事はそれよりもお客さんがよろこぶものをつくることなので、市場が創造されている限り、売っていこうと考えています。

**――市場を絶えず創造するには、立ち止まってはいられません。**

**糸井** ぼくらは農業のように、とにかく毎日続けていくことを大事にしています。「市場の創造」といってもいろいろあって、安定感を見せたい創造もあります。変わらないよということを伝えて、安心して買ってくれる人もいますから。

**――まったく新しいものを生み出すことだけが「市場の創造」ではないと。**

**糸井** 両方ですね。せっかく慣れたものを使い続けているわけですから、変わることより、もっとうれしいことがなんなのかを考えることも大事です。

手帳は「ＬＩＦＥのＢＯＯＫ」なのだから、あなたの「ＬＩＦＥ」をより楽しいものにできるよう、充実したものにできるようにするには、なにが必要なのか。そう考えて続けていかなければいけないと思っています。

**――手帳の売上高は、ほぼ日全体の売上高の何割くらいを占めていますか。**

**糸井**　六割くらいじゃないでしょうか。あとの四割はほかのものが売り上げをつくっていて、それもよくやっていると思います。昔はもっと手帳の売り上げに頼っていたので、手帳が売れない四月から八月あたりに売り上げを支えるものがほかにあればうれしいなと思っていました。

でもいまは、手帳の売り上げも伸びているけれど、同時に手帳の売り上げに頼らない形にどんどん近づいています。

## 「生活のたのしみ展」を始めたわけ

**――手帳以外にもほぼ日ではたくさんの商品をつくっていますが、基本的にはインターネット販売が中心でした。ところが二〇一七年三月から、期間限定の商店街のようなリアルなイベント「生活のたのしみ展」を始めました。一回目は二七ブース、二回目は五九ブース、そして三回目はなんと六二ブースも出店して、連日たくさんのお客さんでにぎわいました。どういうことから始まったんですか。**

**糸井**　ほぼ日は、商品をつくる会社と決めているわけではなくて、じぶんたちがほしいもの、うれしいものをつくって販売してきました。

じぶんたちが「あったらいいな」と思うものと人が望んでいるものを足して、つくり手に頼んでつくってもらって、「それ、ほしい」という人がいたら売ってきたんです。

ただ、急に自動車をつくれといったって、つくれっこないわけです。だからじぶんたちがつくれるもの、いわゆる軽工業的なものを扱うことが前提になっていました。

**――ほぼ日と言えば、手帳をはじめとする雑貨のイメージがつよいですね。**

**糸井**　ぼくらはずっと雑貨を扱っていました。コンビニエンスストアで売っている雑貨も、おしゃれなセレクトショップで売っている雑貨も、「あればうれしい」「買うと楽しい」という点では同じだと思っています。

ただあるとき、ぼくらが長いことやってきた雑貨を、じぶんたちのつくれる範囲だけでお客さんに問いかけるのではなくて、じぶんたちにはつくれないものも含めて、見本市のようなものが開けたら楽しいんじゃないかと思ったんです。

イメージしていたのは、「ほぼ日大雑貨市」でした。

## 世界のどこにもない雑貨の見本市

**――いつ頃のことですか。**

**糸井**　だいぶ前のことです。みんながうらやましいと思うものって、スタイリストの暮らしだったり、スタイリストの提案だったりするので、「いまはスタイリストが時代をつくっている」と思ったことがきっかけでした。

ちょうどその頃、いろいろなデパートがうちとなにかやりたいと言ってくれて、小さくやってみました。けれど、それがじぶんたちの学びになったり、お客さんと会えたりすることは、あまりありませんでした。

**――デパートの期間限定のイベントでは同じような話をよく聞きますね。デパート側が企画から実施までを出展側に任せっぱなしにしたり、利益の取り方が乱暴だったり、商品**

**の扱いがぞんざいだったり。きちんとしたイベントもあるので一概には言えませんが。**

**糸井**　うちの場合は、クリエイティブの要素を乗せていくと、その期間限定イベントがうまくいくようには感じられませんでした。もう少しやりたいことをやれないかと感じていたんです。

そんな中で、あるデパートからなにかやってくれと来たとき、本気でやるならこういうアイデアがあると言って提案したのが、「六人のスタイリスト」でした。

スタイリストが集めた商品を六人分、格闘技みたいに並べたらおもしろいんじゃないか。「人間の生きる総体を、ある場所に集めちゃえ」という考えを言ってみたんです。結局は実現しませんでしたが、そのときの考えがぼくのどこかに残っていたんです。

一方で、三年ぐらい前から「雑貨」は消費のキーワードになっていました。

雑貨はみんなが望んでいるけれど、同じものが次々にできるような業界です。誰しも考えつくことは似ているし、誰かがつくったらすぐにまねをされる。けれど、そのまねの中に、すごく魅力的なものも混ざっていたりして……。

その中で、うちは雑貨の会社だと思われている節もあるから、「世界のどこにもない雑貨の見本市」ができたらいいなと思ったんです。

ただ「大雑貨市」と大声で言うと競争のシンボルになるかもしれません。「それじゃないな」という気持ちもありました。

**――「人間の生きる総体を見せちゃえ」というのと、「世界のどこにもない雑貨の見本市」からスタートして、イベントの名前は「生活のたのしみ展」になりました。**

**糸井**　「大雑貨市」と言うとわかりやすい。けれど、お客さんが訪れるきっかけは「ほぼ日」なのだから、「大雑貨市」はちょっと違うと思いはじめました。

ぼくはいつもなにかを始めると、枠を決めてその中でやるのではなくて、「もっといい考え方があるんじゃないの」と、言葉を超えてものを言いたくなるんです。

「大雑貨市」もアーティストのつくる一点ものがあってもいいとか、旅行の案内があったらダメなのかとか、やりたいことをどんどん挙げていくと、雑貨という言葉では収まらなくなって、「生活のたのしみ展」という名前にしました。

## 買いものは選挙に近い

**――どうして「生活のたのしみ」なんですか。**

**糸井**　読者にときどきアンケートをするんですが、「ほぼ日でやってほしいことはなんですか」と聞くと、圧倒的に多いのは「買いもの」で、ほぼ日の中では買いものの占める割合がとても大きい。

買いものというのは面倒や手間ではなく、実は楽しみなんです。じぶんのポテンシャルの表現であり、自由のシンボルでもある。選挙に近いものがあるんです。「私はこの商品に賛成して、一票を入れるつもりで買います」という感じがどこかにあるのだと思います。だから買いものは「あればうれしい」し、「買うと楽しい」。

**――「買いもの」と「楽しみ」のつながりはわかりましたが、それと「生活」は、どのようにつながるんですか。**

**糸井**　その頃のほぼ日は、手帳を「ＬＩＦＥのＢＯＯＫ」と言ったり、手帳のコマーシャルでは「This is my LIFE」と言ったりしていました。「ＬＩＦＥ＝生活」を大事にするというテーマがあったんです。

それで、お客さんが雑貨を買うのは「ＬＩＦＥ＝生活」を楽しむということだから、「生活のたのしみ展」になったんです。

**――「市」という言葉が抜けて、「展」になっていますが、それはどうしてですか。**

**糸井**　「これじゃないとダメ」という枠を決めると、だんだん苦しくてつまらない場になるので、「展」という大きなお皿にしようと考えたのです。そうすると、なんだって乗っけられますから。

手づくりの一品ものや、つくり手の顔が見えるものだけでなく、大量生産の工業品や古本だってあっていい。とにかく間口を広く、風通しをよくしたかった。そこを柔軟にできるのが、ほぼ日のいいところでもあります。

名前を付けることができたら、それに合わせてどんな人たちが集まるのか、なにを集めたいのか、やりたいことのイメージがどんどんできていったんです。

ぶらぶら歩くだけでも楽しくて、ほしいものと出合ったら買える。

そこにあるのは、ほしいなと思っていたけれどこれまでなかったもの、目利きが選んだすぐれもの、量産品だけどオススメしたいもの、日本のものも外国のものも、うんと古いものも新しいものも、すべてを乗っけるお皿にしよう、というのがはっきりしたんです。

**――いろいろなものが市場、あるいは学園祭の屋台のように並んでいるのがおもしろかったです。しかも全体では、なんとなくまとまりがある。**

**糸井** たぶん集まった人やものは別々の生きものだけれど、同じ生態系で生きているからでしょうね。川の生きもののもいるし、海の生きもののもいる。森の生きもののもいる。けれど大きな同じ生態系の中で、どこかでお互いにかかわってわかり合っているのだと思います。このお皿は、これからもどんどん広げていけそうだし、広げてみようと思っています。

## お客さんがサービスのつくり手になる

**――一回目は六本木ヒルズでした。正直に言うと、「どうしてあそこで」と感じました。**

**糸井**　やりたいことができそうな場所を探しはじめてたくさん下見をしましたが、なかなかいいところが見つかりませんでした。

みんなはなにか、文化祭のようなことをイメージしている。食べものを用意するのは結構大事だし、広いスペースが必要なのもわかっている。かといって、（臨海地区の）有明の展示場の一部分、というわけにもいかない。

もっと狭くてもよければ候補はたくさんあったけれど、とにかくなかなか出合えなくて。

さいごのさいごに、場所代が高いことを知ったうえで、六本木ヒルズに決めました。

でも、やってよかった。やっぱりおもしろかった。

**——なにがおもしろかったのですか。**

**糸井**　一回目は二〇一七年三月に開催しました。寒かったり、風が吹いたり、雨が降ったり、大変な状況だったけれど、たくさんの人が来てくれました。

人が生で動いて、いい時間を共有することを目の当たりにして、「すごい！」と思いました。会場から「よろこばれている感」が出ていることを、つよく実感しました。

**——私も買いものをしましたが、屋外なので冷たい雨が降って、とにかく寒い。正直言って、回るのもいやになりました。でも、つくり手やほぼ日の人が、すごく楽しく説明をしてくれる。レジには行列ができていましたが、やっぱりそこにいる人たちの心根がいい感じで、コトコトした気持ちで帰りました。**

**糸井**　それはお客さんがサービスの受け手だけではなくて、つくり手になっていたからでしょうね。お客さんが「なにかをしてもらって当たり前」ではなかった。「じぶんがいることがなにかの形であの場を支えている。私もなにかできるかしら」という気持ちが、みんなに少しずつあったんじゃないでしょうか。

列に並ぶのも、なるべくまっすぐ並んであげようとか、うしろの人が並びやすいようにしてあげようとか。「そうしてください」とこちらから言わなくても、あの場では自然にできていたところがありました。

ぼくもなにかやろうと、列に向けて「最後尾」と書いた札を持っていました。すると、お客さんが「その札、逆に向けたほうが親切じゃないですか」と言ってくれて、本当だと思って直しました。そう言われたときに、「この場はお客さんも一緒につくってくれている」と感じました。

**――つくり手、売り手、お客さんが一緒になっている感じですね。**

**糸井**　会場にはぼくの家族も、社員の家族も、たくさん来てくれました。それはお花見に呼ばれましたとか、花火大会があるんですけど来ませんかというのと同じで、うれしい場所ができたということです。やる前に、「そういうことになったらすごいね」と口では言っていたけれど、実際にやってみて、本当だというのがよくわかりました。

**――かなりうまくいったのですね。**

**糸井**　素人のやったことですから、そんなことも知らないのかということだらけでしたし、あらはいっぱいありました。それでもできたんだ、というのはよかったですね。

**――「生活のたのしみ展」は売上目標などを設定しているのですか。**

**糸井**　一応はあります。このくらいの金額がかかる、ということは動かせませんから。それに対して、売り上げはこのくらいいくんじゃないか、という計算もしていました。

**――担当者が「これくらい売ります」という数字をみんなで持ち寄るんですか。**

**糸井**　「売ります」というか「売れます」ですね。物理的に仕入れないといけないので。目標に到達しなかったら怒るわけではないけれど、目標に到達しなかった場合は、なぜ目標に届かなかったんだろうと考えるわけです。

**――目標に対して、糸井さんが「もっと」と言ったりすることはあるんですか。**

**糸井**　いつだって言葉にして言わないだけで、そういう気持ちがなくはありません。よくよく考えて、「なにもかもこのままでいいんです」と簡単に言えることではありませんから。労力をかけたぶんだけ稼ぐという考え方ではなくて、「なにかもっとあるんじゃない」と考えて、そこをやってくれているかは、いつでも見ています。

二〇一七年一一月に「生活のたのしみ展」の二回目を六本木ヒルズで開催しましたが、このときは六本木ヒルズのイベント担当の方が、「こんなのは初めてだ」と言ってくれたんです。お客さんの数と、売れている活気と、ぼくらの態度がきびきびしていたこと。そこまで含めて、ほめてくれました。

**「この人たちが支えてくれている」**

**――ライブな場で売ることと、ネットで売ることは、どういう関係にあるんでしょうか。**

**糸井**　「ほぼ日」を始めたばかりの頃は、イベントを開くと、『ほぼ日』って本当にあるんですね」と言われたりしていました。実在するんだ、と。

ライブの場で売ってみて、ネット上で行われていることは、実はこういう人たちが支えてくれていたんだということが目に見えてわかりました。これはうちにとって、とても大きなことでした。

**――三回目は二〇一八年六月、恵比寿ガーデンプレイスに場所を移して、六二ブースが出店しました。**

**糸井**　三回目は、ほぼ日のみんながつくっているということが「足し算」になっていると実感できるようになりました。ぼくが思いつかなかったようなことを、みんながじぶんで考えて、「こうしませんか」と言ってきてくれる。それが着実に増えてきたんです。

**――三回目は、台風に見舞われるハプニングもありました。**

**糸井**　ぼくの役割は、船で言えばマストに上がって遠くの景色を眺めたり、船の中で働く人を眺めたりすることですが、台風が来そうだということがわかったとき、最終日は中止にする判断も含めて覚悟をしていました。

ところが社員から、「規模を小さくして室内でやりたい。絶対に楽しくします」と相談されたんです。室内であれば安全性は確保できますし、じぶんたちで楽しくすると言いだすくらいだから内容的にも大丈夫だろうと思って、開催することに決めました。

結果的に、出店してくれた人、来てくれた人、ぼくらも含めて、みんなが楽しんでくれる場になりました。

――「生活のたのしみ展」を開く前後で、なにか変化はありましたか。

**糸井**　少し驚いたのは、準備はものすごく大変なのに、残業が極端には増えなかったことです。いろいろな説がありますが、本当に大変なので、くたびれるから休まざるを得なかったのかもしれない。そんな理由もあるはずです。

一つずつ店で売るものを用意して、仕入れて、店の担当者や売り場スタッフと連絡を取って、どうするかを決めて、商品を運んで……。そういうことを前日までに済ませなくてはならないのだけれど、「やるだけやったら帰る」という側面もあったと思っています。

つまりこれまでは、「残業してでも間に合わせようぜ」と全力を注いでいたけれど、「残業しないで全力を尽くした」のだと思います。

## じぶんが役に立っているよろこび

**糸井**　アルバイトを募集したとき、二回目の「生活のたのしみ展」では、五〇人を募集したら三五〇人も来てくれました。結局、一三〇人を採用したんですが、みんないい人ばかりで、それはすばらしかったですね。

三回目のときは、アルバイトの人たちが一八〇人もいましたが、その中でも優秀な人には、店長役をやってもらいました。

アルバイトに応募してくださったのは、ぼくらが大切にしていることをよくわかってくれている人ばかりで、社員と区別がつかないくらい、ぼくらと一体化していました。

アルバイトの人たちが押し上げたものもたくさんあったと思います。彼らの手前、ぼくらはしっかりしたいなという思いもありました。アルバイトの人たちは逆に、ほぼ日の人たちがすごく働くので油断できなかった部分もあったんじゃないでしょうか。

**――いい意味で競争したんですね。終わったあとの盛り上がりは、すごかったんじゃないですか。**

**糸井** 大きかったです。たくさんの人と付き合わないといけないし、生で動いているお客さんにも対応しなきゃいけない。寒かった、つらかった、というのもあるけれど、やっぱりみんながうれしかったんです。

大変な課題を解決したとか、じぶんたちが考えたことをよろこんでもらえた、売れた。そういう実感を、みんなが手に入れられたと思っています。

**――社員が全員参加したのもよかったんでしょうね。**

**糸井** やってもやらなくてもわからないような仕事って、世の中にはたくさんあると思います。ただ本当は、全部やったほうがいいことだったりします。

「生活のたのしみ展」を実際に開いてみて、じぶんが役に立っているよろこびが、みんなの中に生まれたのではないでしょうか。盛り上がるというよりも、当たり前のことをしっかりとやって、それが自信になった。

二回目の「生活のたのしみ展」の翌週には、初めての株主総会が予定されていました。みんなすごく疲れていたし、初めてのことで緊張感もありました。そして「株主総会には四〇〇人くらい来る」とも言われていましたが、「大丈夫」とみんなで対応できました。あれは「生活のたのしみ展」を経験してできた成果の一つだと感じましたね。

## 自己記録をもっと伸ばしたくなる

**――「生活のたのしみ展」を始めるときには、継続的にやろうと決めていたんですか。**

**糸井**　いろいろな形で、これから展開していくことを考えていました。一回だけで終わったら次に生かせませんし。

ただ、「これが『生活のたのしみ展』だ」という枠をあまりつくりたくはないんです。「こんなこともありですね」というふうに、どんどん枠を広げていきたいですね。

**――糸井さんのことだから、回を重ねるほど「もっともっと」となりそうです。**

**糸井**　「もっともっと」というのは、単に重量を増すことだけではないと思っています。アイデアによって運転は変わります。まっすぐの道でスピードを出すことばかりではなくて、ときには田舎道をゴトゴトと走ることもあるかもしれません。一生懸命考えて、「こうしたらもっとおもしろいぞ」とやっていく。そういうことです。

「生活のたのしみ展」をやっていない時期は空白のようなものですが、この空白が次につながっていく。「あれはよかったね」ではなく、「前はこうだったけれど、次はこうやろう」と語り合っているんです。

じぶんの中に記録のようなものがあって、それを伸ばしたくなるんでしょうね。そうやって、小さくてもうれしいことが積み重なって、成長してくれればいいなと思っています。

**――あれだけ人気が出たら、つい「もっと売ろう」となりがちです。**

**糸井**　そういうゲームとして設定されれば、それはそれで人は一生懸命やるわけで、いっぱい売ろうと考えるのは、おかしなことではありません。ただ、それだけではない、ということです。

## 「経済人」ではなく「生活人」

**――ほぼ日手帳でも「生活のたのしみ展」でも、糸井さんは「LIFE」という言葉をずっと使っています。**

**糸井**　たしかにぼくは、「LIFE」の周りにずっといます。ほぼ日手帳は「LIFEのBOOK」と言っているし、キャッチフレーズは「This is my LIFE」。

昔からさんざん使われてきた古くさくも思える言葉なのに、大事なところで平気で使い続けてきました。そして歳を重ねるにしたがって、「LIFE」という言葉を使うことにもっと自信が出てきたんです（笑）。

株式上場して経済系のメディアから取材を受けると、「経済人」としてのコメントを求められます。そういうときも、どうにか「生活人」として話そうとしてきました。生活があって、経済も読書も、そのうえに乗っけていけるものです。

「ほぼ日」は買いものの場でもありますが、それを楽しむ街でもある。人が幸福に暮らしている状態、あるいは人が幸福に暮らしている場をつくりたい。そして、それに参加していたいと思って、ほぼ日をやってきたんです。

## 「本当に知っておきたいこと」の学校

**――「ほぼ日の学校」というユニークなプロジェクトも立ち上げています。**

**糸井** 何年も思っていることなんですが、「いろいろなことを知れ、知れ」と言っているメディアはたくさんあるけれど、人はそんなにたくさんのことを知れません。

勉強に使う時間は惜しくないけれど、それを読んでなんになったのかと思うと、他人と比べて、「知らないの？・」と言われるのがいやだから読んでいるようなものが多すぎる。日経新聞だって、隅から隅まで読むと丸一日かかってしまう。みんながそんなことしているはずがないのに、「きみは日経も読んでいないのか」と言われたりしますよね。

**――たしかに日経新聞を読んでいるのかという話は入社試験でも聞かれるし、会社の中でも上司が若手に言いがちです。**

**糸井**　世の中はもう、ネットが出てきてから知らないことだらけで、人は情報を咀嚼《そしゃく》するのが間に合わなくなっている。洪水のように情報があふれている中で、本当に知っておきたいことはなんだろう、知っても知っても飽きないものはなんだろうと考えたときに、やっぱり古典だと思ったんです。

古典はいわば、地球上に存在する資源のようなもので、巨大な埋蔵量を持つ知の資源です。これを楽しく、自由に使えるようにする学校をつくりたいと思ったんです。

それと、古典はぼくが若いときにサボってきた部分なので、個人的に、いまさらでも知りたいんだと思います。たとえ切れっ端みたいなものでも、すごくおもしろい要素が古典にはありますから。

**――なぜ「学校」にしたんですか。**

**糸井**　じぶんひとりで古典を勉強してもいいけれど、じぶんたちが主催したほうがもっと勉強できると思ったんです。いままでのような方法ではなく、学ぶ時間に浸れるような楽しみ方で、うちができないかと考えました。

そして、うちがやるなら一つずつ縦につないでいくような方法ではなくて、いずれはいろいろな授業が並行して、同じ時間にやっているようになったほうがいいとも思いました。別の分野に興味がある人も受けいれられるほうがいいと思ったんです。

**――いくつぐらいの講座が同時並行していくイメージですか。**

**糸井**　四、五教室の授業を展開しながら、学校として成立すればいいと思っています。

**――いままで通りの方法ではない学校だと、受講料の設定も難しそうです。**

**糸井**　いろいろと考えました。大学の授業はおおよそ一回六〇〇〇円くらいだそうです。そこから考えて、六〇〇〇円で継続していくような学校は需要があると思ったんです。

たとえばこれを、いま忙しく働いている会社のえらい人たちに話してみると、「ぼくは行きたい」と言いだしたりするんですね。

## 深い部分でおもしろがれる勉強の時間

**――えらい人って、どういう人ですか。**

**糸井**　大きい会社の社長や会長のような人たちが、「それはいいな」と言うんです。

ぼくと世代の近い人たちがそういう気持ちになるなら、同じようなことを思っている人がほかにもいると思ったし、若い人も来てくれたらいいなあと思います。

ただ学校としてやるからには、大学に通い直すよりも、ぼくらがカスタマイズしてやったほうがおもしろい。そういうことをやってみせなきゃね、とスタートしたんです。

**――最初に「ほぼ日の学校」と聞いたときには、カルチャーセンターのようなものをイメージしました。**

**糸井** そういうのがあるのは知っていたけれど、「これだけあなたたちは利口になりましたね」というような学校になると困るので、そうならないためにはどうしたらいいのか考えました。

「ごくごくのむ古典」というイメージで、シンボルはコップの水です。身体に血肉化できるような、心、気持ち、魂といった深い部分でおもしろがれる、楽しい勉強の時間ができたらいいな、と。

それも一方的に伝えるのではなくて、参加する人とのやりとりがあって、お互いの楽しさやうれしさが増えていく場をつくりたいとも思いました。

だけど、うちには古典の素養のある人はいなかった。やるからには、人が信用してくれないと困るので、なにか方法はないものか、そこが見えたら始められると思っていたんです。

そうしたら、河野通和さんが前の会社を退職されて自由になりましたということがわかって、すぐに声をかけて、学校長を引き受けてくれることになりました。

## スタートはシェイクスピアから

**――中央公論新社で「婦人公論」「中央公論」、新潮社で「考える人」などの編集長を務めた河野通和さんですよね。**

**糸井**　一年ほど前、まだなにかが一緒にできると思っていないときに、学校のようなものをやりたいという構想について、河野さんに話したことがあったんです。「できそうになったら河野さんに相談に行くかもしれない」と打ち明けたら、「ああ、いいですよ。ぼくもそれは楽しいと思うから」と言ってくれたんです。

そしてあるとき、新潮社を辞められると聞いて、「うちで学校長をどうですか」とお誘いしました。河野さんがおもしろがってくれて、「早速始めよう」となりました。

**──「小劇場からハリウッド映画にいたるまで、いまなお世界中でくり返し表現され続けるシェイクスピアという『古典』。その魅力の真髄《しんずい》はいったいどこにあるのでしょう?」と説明されていますが、最初はシェイクスピアから始めると決めていたんですか。**

**糸井** シェイクスピアから始めるのは、ぼくの頭の中に最初からありました。それを前提に河野さんに相談していたんです。そこからは、河野さんと一緒にチームを組んで進めていきました。

**──このときのチーム編成はどうしたんですか。糸井さんが指名したのでしょうか。**

**糸井** いつものことなのですが、こうと決めているわけではなくて、いろいろです。「やってみたい人は手を挙げて」ということもあれば、リーダー的な人が「一緒にやろう」と仲間に声をかけることもあります。

今回の学校は、おおよそぼくがチーム編成を決めました。新しいメンバーが多かったこともあって、ついぼくが口だしする場面も多かったのですが。

**――糸井さんがつい言っちゃうというのは、どういう感じですか。**

**糸井** 「Aと言えばB」みたいな決まった動き方を疑わないとき、「本当にそうなの?」というようなことを言うんです。たとえば「春夏」と言ったら次は「秋」に決まっているとなると、でも「春夏」の次に「秋」とは限らないぞ、なんで「秋」と決めたの、ということをもっと考えてもらいたいのです。

**――糸井さんにそう言われたら、混乱しそうです。**

**糸井** 混乱すればいいんです。そういうことを、ほぼ日は大事にしているので。

## 講師たちが、ほかの回の講師の授業に参加

――中身を見ると、とても濃い内容です。「ほぼ日の学校　シェイクスピア講座2018」は、「現代の経営学にも役立つといわれているシェイクスピアの人間観察力とは？　日本を代表する一〇人のシェイクスピアリアン（シェイクスピアに魅了された人）を講師として招きました」とあります。シェイクスピアファンでなくてもひかれますね。講師のラインアップが豪華で、ユニークな講座もあって奥行きが深い。あっという間に生徒が集まったと聞きました。

**糸井**　定員は九九人でしたが、たくさんの応募があって抽選で決めさせていただきました。スタートしてみたら、少し不思議な人気も起きて、講師の方々が、ほかの回の講師の授業を受けていたりするんです。

**――それは豪勢ですね。**

**糸井**　おもしろがって参加してくれているんです。生徒さんも先生も、この学校のおもしろさをわかってくれているんだと思います。

**――「ほぼ日の学校」は、糸井さんが最初に思い描いたものに近いのでしょうか。**

**糸井**　思い描いている図があんまり見えていなかったので、近いもなにもありません。「あ、こうなってきたのか、そしたら次はどうしよう」と考えています。

独立してきちんとお金が回るプロジェクトに育てていきたいですね。「ほぼ日の学校」はまだ始まったばかりで、たいしてもうかっていませんから。ただ、古典の素養が大切だとわかってもらえたら、もっと大きな事業になると思っています。

若いお客さんに向けて、オンラインの学校もスタートしました。ライブとオンラインの両方が整備されると、予備校が成り立っているように、授業としてちゃんと回っていくと考えています。

**——応募した人がたくさんいても、たいしてもうかっていないんですか。**

**糸井**　まだ始まったばかりですから。ほかにはない魅力的な講座を増やしたら、それだけ人手がいるようになりますから、それはそれでお金がかかる。ただ授業って、建築のようなところがあって、建てている最中は人が入ることはできません。

**——少しできたら人が入っている様子を見て、次の建築工程に進むということですね。**

**糸井**　いまは建てている最中なので、これから少しずつできていくと思っています。利益のことでいうと、オンラインクラスが整備されれば、収益モデルが確立してくると思います。

これからは、古典に関係のあるコンテンツが、「ほぼ日」のほうにもいい作用を及ぼしていくはずです。シェイクスピア講座が一段落したときに、「ほぼ日」でシェイクスピアの連載が始まるとか。

そうやって、古典というものがぼくらの得意科目になっていくのはうれしいですね。

●

ほぼ日と言えば「ほぼ日刊イトイ新聞」と「ほぼ日手帳」のイメージがつよい。双方とも数多くのファンがいて、持続的な進化や成長を遂げている。ほぼ日には、それ以外にもさまざまなプロジェクトがあり、日々、進行途上にある。それらはどのように生まれ、形になっていくのか。発案からすべてがスタートする。

「いい事業はアイデアありきで始まる」という考えが土台にあるので、誰もが発案者になることができる。それも、最初から完璧なアイデアを求められるのではなく、その人のやりたい意思が明快で、目指す方向が違っていなければ、周囲に相談して進めていくことができる。

そのとき、本人や周囲が「本当におもしろい」と感じているかどうかが、大切な判断基準になる。「人はどんなときにおもしろいと感じるのか」を考えること、言い換えれば、クリエイティブは、ひとりの人間が本気で「好き」「嫌い」の正体を探っていくところから生まれるということとを大事にしている。だからほぼ日では、企画書をつくって会議を通したり、事前に市場調査を実施して裏づけをとったりする手順を必要としないのだ。

もちろん、この過程を通って実行されたプロジェクトがすべて成功するわけではない。けれど、それで担当者が責任を追及されることはない。「うまくいかなかった理由」をみんなで考えて、修正する。これを繰り返しながら事業が進んでいく。

そんな地道な仕事を「農業のように毎日続けていくこと」を、糸井さんは重視している。

また、ほぼ日では「生活のたのしみ展」を二〇一七年に開始。二〇一八年には「ほぼ日の学校」をスタートさせるなど、新しい事業が次々に立ち上がり、いずれも大きな反響を得ている。

暮らしをとりまくあらゆるものが、ほぼ日の事業の対象になる。だからこそ、アイデアを起点とした独自性がほぼ日の命綱となる。それは決して突飛な思いつきなどではない。

「好きとはなにか」「おもしろいとはどういうことか」「楽しいとはどういう状況か」

そんな問いを、つくり手が愚直に繰り返しながら、一歩ずつ着実に成長していく。それを積み重ねてきたから、ほぼ日の事業は、ほかが簡単にまねできないのだろう。

（川島）

# 第二章

# ほぼ日と人

社員一人ひとりが力を発揮し、利益を上げる組織をつくるには、どうすればいいのか。あらゆる企業の経営者や幹部、部長や課長といった中間管理職は、「人」の問題に頭を悩ませている。さまざまな策を講じているにもかかわらず、なにかと問題が多いのも「人」を巡る部分である。

さらにここへ来て、「働き方改革」が叫ばれるようになり、企業は社員の働き方について、改めて考え直す必要に迫られている。いろいろな試行錯誤がなされているものの、「働き方改革」の正解はいまだに見えない。

現場で働く社員たちも、じぶんらしい働き方や働くことの意味を問い直しはじめている。生き生きと働き、成長し、そして利益を生み出すことはできるのか。

ほぼ日では、二〇一八年春から社員の労働時間を一日八時間勤務から七時間勤務に短縮した。同時に毎週金曜日を「インディペンデントデー」として、ひとりで考える時間にあてる一方、給料を「上げる」という「働き方改革」をスタートさせた。

その意図はどういったところにあるのか。どんな成果を目指しているのか。

またほぼ日の「人」の採用や評価、人事異動はどのような手順や基準で進むのか。あらゆるビジネスパーソンにとって最も関心の高い「人」について聞いた。

**――ほぼ日では、二〇一八年春から「働き方改革」を始めています。その概要を教えてください。**

**糸井**　一般的な企業の労働時間は一日八時間ですが、ほぼ日ではそれを七時間に短縮しました。そして毎週金曜日を「インディペンデントデー」として、ひとりで考えたり、自由に使ったりする時間にしました。簡単に言うと、労働時間を減らしながら、給料のベースを上げることに決めたのです。

世の中の「働き方改革」は残業時間を減らして社員に支払う給料も減らすケースが多いけれど、ぼくたちはその逆に挑戦することにしたんです。

「働き方改革」を進める中で、「集中して生産性を高めよう」と説明する会社が多いようです。けれど、この「集中する」という言葉はちょっと怪しいと思っています。なにをもって「集中」と言うのかよくわからないからです。

集中しているふりは上手にできるかもしれないけれど、それではダメです。ぼくたちにとって、「生産性が上がる」ということは、質のいいアイデアがたくさん生まれるということ。たとえ勤務時間が減っても魅力的なアイデアが出てくれば、それはかならず事業につながるはずです。

もちろん、すべての社員からビッグなアイデアが出ることはあり得ません。だけど、たとえ一つでもいい考えが出たり、いいやり方がわかったりすれば、それによってアイデアを考えられなかった人のぶんまで稼ぐことができる。小さなアイデアが一つ出たことで、それをきっかけに次のアイデアが生まれてくることもある。そういった事業が、四つ、五つと生まれてくれば、生産性は高まります。

そういうことを、目指しているつもりです。

**——どうして労働時間を減らそうと思ったのでしょうか。**

**糸井**　ぼくたちは、オフィスにいる時間が増えると生産性が上がるわけではありません。机に向かえばかならずアイデアが出るというものでもないし、労働時間が長くなったからといってなにかがうまくできるわけでもない。

逆に集中力が高まっていないところからいい考えが生まれることも、おおいにあります。もしかするとそのほうが多いかもしれません。その機会を増やすにはどうすればいいのか、ずっと考えていました。

ほかの会社や行政が出す案が、果たしてほぼ日に合っているのか。よその取り組みをそのまままねするのは、かえって難しいんじゃないか。

そんなふうに思いながら、ぼくが以前から思っていたことを、まずは思い切って実践してみる。そしたら、できるかもしれないと考えたのです。

## 漫然と働く時間はもったいない

**――一日の労働時間を一時間減らすことは、糸井さんが決めたのでしょうか。**

**糸井**　みんなで話し合いましたが、最終的にはぼくが決断しました。ぼくがこの話をしたあとでみんなと立ち話をしていると、おもしろがってよろこんでいるように見えました。ですから、いまのところは悪くないんじゃないでしょうか。

ただ、やってみてダメだったときに、「ほら見ろ」と言われることだってあります。ですから始めるまでには覚悟がいりました。

それでも挑戦したのは、普段の仕事の中で漫然と過ごしている時間がとにかくもったいないと思ったからです。そんな時間があるなら遊べよ、と。

**――「ぎゅっとやれ」ということですか。**

**糸井**　ぎゅっとやれというと「集中力を高めろ」という話になってしまいます。

多くの会社が「働き方改革」で集中力を高めようという話をしていて、集中力という言葉はまるで魔法のように使われています。ぼくは、「それは違うぞ」と伝えました。

「働き方改革」といっても、額に青筋を立てて、息を止めて集中するような働き方がいいと思ったら大間違いです。

この一年、ほぼ日では新しい事業の柱となるようなアイデアがいくつも誕生しました。それは集中したから出たわけではありません。普段からクリエイティブのクセをつけたり、思いついたことを人に投げかけてキャッチボールをしたりすることから生まれたわけです。「もっといい考えがあるんじゃない?」と繰り返し問い続けることが大事なのであって、それは集中力とは違います。

集中したからいい発想が生まれるわけではない。ぼくは一生懸命、そう伝えています。


**――七時間勤務で早く仕事を終えれば、おもしろい発想は生まれるのでしょうか。**

**糸井**　そんなに簡単なことではありません。ただ家に帰りたくなくて、「ここにいたほうがましだよね」と会社にいることもあります。それはぼくだって同じことですけれど、それが働いたことになるのはつまらない。

いままでもほぼ日では、「今日はのんびりします」とじぶんで決めてやるぶんには、「どうぞ」といった雰囲気があって、勤務中に映画に行こうがなにをしようがいいことになっていました。

けれど、勤務時間が一時間短くなれば、それはみんなの大きな刺激になると思うんです。

**――難しいことへの挑戦ですね。**

**糸井**　どんなことも難しいに決まっています。なんだって、たいていのことは「難しいですよね」ということから始まりますから。

そして、その難しいことをやるから給料がもらえていると、みんなが思っています。でも、難しいことに直面する大変さそのものは、本当のところなにも稼いでいません。そこではなく、おもしろくて、考えれば考えるほどおもしろくなって、みんなのよろこぶものになっていく。それが稼ぎを生むんです。

## ひとりで考える時間がアイデアを生む

**——なぜ、「インディペンデントデー」をつくったんですか。**

**糸井** チームで仕事をしていると、ときどき、ほかのメンバーに頼りすぎることがあります。じぶんはぼーっとしていて、誰かが言いだすのを当てにするようなことです。

けれど、どんなミーティングだって「じぶんだったらこうする」と考えてから集まらないと意味がありません。それは個人練習なしで試合に出るようなものですから。

個人が一生懸命に考えたことを集めるから、お互いに「ああ、それはいいな」とか、「じゃあ、そこは頼むぞ」と言い合ってチームプレーになるはずです。

――漠然と集まって漠然と話しても、なにも生まれてこない。

**糸井**　その場で誰かが考えるから、アイデアが生まれることには生まれるでしょう。それでもひとりで考える時間がないと、なにも始まらないし、ひとりで考える時間が基礎だぞ、ということをもっと前面に打ちだそうと思ったんです。

――つまり「インディペンデントデー」は、ひとりで考える日なんですね。

**糸井**　そうです。だから金曜日には打ち合わせの予定は入れません。みんながどこにいるかも把握しない。会社に来なくたっていい。ただ寝ているだけで終わっちゃう人がいる可能性だってあります。でも、それはいちいち監視するようなことではありませんから。

みんなが「インディペンデントデー」を持つようになったら、ぼくも意識的にひとりで考える時間をつくろうと思っています。

ぼくは京都に行っている間、よくひとりで考えているんです。本当はインプットをしようと思って京都を訪れるのだけれど、結局はアウトプットばかりしている。ひとりでいる時間はインプットよりもアウトプットのほうが向いているんです。

去年の五月にも「一カ月さぼる」と言って、結局はまだらに数週間くらいでしたが、会社に行かないで、いろんなところに行っていました。バス停でバスを待って、「今日はどこに行こうかな」と考える。五感がすごく鋭敏になって、とにかくよかったんです。

東京にいるとなんとなく時間が分断されてしまいます。やっぱり分断されずに考え続けるには旅先が合っている。とにかく誰にも邪魔されませんから。

## 「なにがかっこいいか」が社風を決める

**――「働き方改革」を通してほぼ日の社風を変えようとしているのですか。**

**糸井**　企業の風土を決めるのは、「なにがかっこいいか」ということです。「ダラダラして見えるけれどなんとかなっている」ことがかっこいいと思われれば、それがその会社の社風になります。「目に見えて情熱的に働いている」ことがかっこいいと思われれば、それがその企業の風土になる。

うちはなんだろうと考えてみると、やっぱり「人がうらやましがるようないい考えを出して、実行する」ことがかっこいい。

だからイベントなどがあると、「私はこれをやります」「ぼくはこれをやりたい」とそれなりにアイデアが出てきます。「インディペンデントデー」が続けば、もっとアイデアが出てくるようになるはずです。

**――「人がうらやましがるようないい考えを出して、実行する」。そのときの「なにがかっこいい」は誰が決めるんでしょうか。**

**糸井**　みんながつくるんでしょうね。

**――社長である糸井さんがつくるのかと思っていました。それでは、おもしろいアイデアがどんどん出る会社をつくるための糸井さんの役割は。**

**糸井**　なにもありませんが、あえて言えば、消極的でいたほうがうまくいくような風土をなくすことかもしれません。みんなが「こんなことを言ったらはずかしいかもしれない」とか「発言をしたら責任を取らされる」と考えることは、あまりいいことではありませんから。

**――普通の会社だと、アイデアを言ってダメ出しされたり、「言ったからにはやってみろ」と言われたりすることもあります。だから会議で意見を言うときには、「個人的には」と枕詞をつけたりする。「なんでも言っていい」という風土づくりは大事だけれど、本当にできるのかな、と思うこともあります。**

**糸井**　以前、大きなベストセラーを出した出版社ではみんなが立ち話をよくするようになるという話を聞いたことがあります。社内で「景気が悪い」といった話ばかりしている会社は、みんなが責任を取らされたり批判されたりすることを気にするから、立ち話をしなくなる。

一方で、うまくいっている会社では、立ち話から次のアイデアが生みだされていく。アイデアの種をまく気にさせるわけです。そんな環境が大事なのかなと思っています。

## 興味があることを続けること

**――アイデアが生まれる環境をつくること。そのための「働き方改革」なのですね。**

**糸井**　ぼくの場合、「これが正しいです」と理解して実践しているわけではありません。それよりも、やってみてよかったなということを伸ばしていければいいと思っています。そういうことしかできないし、それをやってきたのがほぼ日です。

たとえば、しょっちゅう電話がかかってきて、忙しくてしょうがないような職場だったら、いろんなことに邪魔をされて集中できません。集中できる環境を整えるために、金曜日があるんです。

好きなものについて考え続けたり、興味のあることを続けたりすることが、人の能力を伸ばしていきます。それを邪魔されないことが「集中」ということの本当の意味なのではないでしょうか。

**――好きなことをおもしろがって没頭しているときに「集中」が生まれるのですね。**

**糸井**　会社の仕事ですから、いつも好きなことに没頭できるわけではありません。それでも「いま、これをやる」と決めたときに、中断されることなく取り組める時間や環境は大事だと思います。それを「集中」と言ってもいいんじゃないでしょうか。

## 「人をつくる」ことにお金をかける

**――「働き方改革」の効果は出ていますか。**

**糸井**　すぐになにかが起きるというより、効き方は漢方のようなものだと思っています。うちでは劇薬を飲ませるようなことはやっていません。体質改善をしようという話は、「働き方改革」の前からあって、「うちも変わったな」と感じることがいっぱい起こっています。だから今回も、それと同じようなことが起こるんじゃないでしょうか。

**――けれど、働く時間を減らしながら給料を上げるようなことができるんですか。**

**糸井**　別にマジックではなく、どこにコストをかけるのかを配分するだけのことです。製造業であれば、いくらかかっても、工場が必要なら建てますよね。

それと同じように、気持ちよく働ける環境をつくることは、会社にとってコストがかかりますが、そこにお金をかけたほうがいいんじゃないかと思ったんです。労働時間を減らして給料が上がれば一番いい。会社に力があればもっと給料を上げたいくらいです。

## 給料というエサだけで人は動かない

**糸井**　ものすごく稼いでいる人が、果たしてなんのために稼いでいるかと考えると、一種のゲームのようになっていると思うんです。稼ぐために稼ぐ、というか。

けれどいまの時代、給料というエサだけで人は本気で動かないのではないでしょうか。お金で人材が釣れる時代は終わったような気がしています。

**――ではいまは、人はなにに動かされるのでしょう。**

**糸井**　人によろこばれているという実感ではないでしょうか。あるいは仲間がうれしそうにしている、ということ。

たとえばプロ野球の選手たちは、優勝の胴上げの瞬間に一番うれしそうにしています。そこで「俺が一番多く打ったんだよ」といばる人はいませんよね。一方で、選手としてはあまり力がないけれど、「あいつを胴上げしようぜ」と言われるようなこともある。そういうことも含めてチームの力なんです。

**――たしかに会社でも、仲間と一緒によろこぶことが働くことの本質なのかもしれません。給料は毎年少しずつでも上がってほしいと思いますが。**

**糸井**　もちろんです。それはどの会社もやっているし、できなくてもやろうとしているのではないでしょうか。

ただ、給料だけを目標にして、眉間にしわを寄せて働くのが、ぼくはあまり好きではないんです。伸び伸びと働いていたら業績が上がって、じぶんの安心や安定が生まれて、人のことを考えられる余裕ができる、というのがいいんでしょうね。

**――きっと、会社は本来そういうものなんですよね。**

**糸井**　本来かどうかはわかりませんが、うちはそうなってくれたらいいなと考えています。ただ、まだまだです。あまり「つよく」はないですから。もっと「つよく」ならないと人を助けることもできません。

**――糸井さんの言う「つよさ」とは、どういうことでしょうか。**

**糸井**　「現実にする力」です。「ぼくらができることはこんなものです」ということを実際にやってしまう力、とも言えます。

これは、とにかくコツコツと積み重ねていくことの中に答えがある。やってみて「ダメでした」ということや、「うまくいきました」ということを繰り返して、「つよく」なるのだと思います。

**――外から見ていると、ほぼ日は斬新なことをグイグイやっているイメージがありました。実態に触れてみると、もう少し違うのかもしれませんね。**

**糸井** うちは案外、保守的なんです。思い切ったことをやろうと思えばできるけれど、思い切ったことをすること自体に意味があるわけではなくて、よくしていきたいんです。

なにか特別なことをしているわけでもありませんし、「これをやってみたけれどダメだったね」ということもいっぱいある。ダメだったら少しでもよくしていけるように、また変えていけばいい。

たとえば、うちは女性社員が多いから、子どものことや家庭のことを真剣に考えていないと、働く環境をよくしようとしても、へんな答えを出してしまう可能性があります。

## 伸び伸びと働けないのが一番つらい

**——女性の働き方については、世の中でもずいぶんと取りざたされていて、結局なにがいいのか答えもわからない中で、みんなが「やらねば」と思っています。難しいテーマですが、ほぼ日ではどんなことをしているのでしょうか。**

**糸井** 目新しいことはしていません。会社の中で女の人が働きづらく、伸び伸びとできないのが一番つらいことですよね。ルールでは「どうぞ」と書いてあっても、ルールでないところで「どうぞじゃない」ということもあって、それでは意味がないと思うんです。

ほぼ日の場合、そこはできている気がします。つまりルールをきっちりつくったから終わり、ということではありません。

だいぶ前、ほぼ日の社員がまだ少ないときに、「きちんと時間を守って遅刻をしない人が、だらしない人を非難しないように」とみんなに言ったことがあります。「きっちりできる」ということだけが、ほかに増してなによりも大事なことではないんです。

**――けれど会社では、きちんとしていることが求められます。**

**糸井**　そうなると、ダラダラさぼっているように見える人を責めるようになって、さいごは、きっちりしている人だけの会社になってしまいます。

ぼくは、それが目指す姿だとは思っていません。ほぼ日もそうなってはいません。「身を粉にしてすべてを捧げられます」という人がえらくなってはダメなんです。

もちろんそういう人がいてもいいとは思います。ただ、そんな人もそうではない人も大事だというのが、ぼくの根っこにあるんです。

ルールで縛らないことがだらしなさにつながってしまうと困るんですが、社員の一人ひとりがお互いに認め合う関係ができていくと、自然とお互いを油断させないようになります。

たとえば弟や妹のいる人は、よく「お兄ちゃんだから」と言われたりしますよね。しょっちゅう言われるといやだけれど、「お兄ちゃん、かっこいい」と弟に言われたら、お兄ちゃんもいいところを見せたくなると思います。

**――社員同士の中でもそれができていったらいい、と。**

**糸井**　はい。いまはできているとは言えないけれど、できかけているとは思っています。

## ハンディを負う人に意地悪にならない

**――話を戻しますが、子育て中は早く帰っていいとか、決まりごとはありますか。**

**糸井**　基本的に、「何時から何時までいます」と申告しておけばいいようにしています。産休や育休も、それぞれの人と相談して決めるようにしていて、長い人だと二年くらい休んでいます。

**――誰にとっても平等な制度をつくるのではなくて、個別の事情に応じるわけですね。ただ**

**普通の会社では、育休の人がたくさん出たことで、じぶんの仕事が増えたと愚痴を言う人もいます。**

**糸井**　ぼくは、ハンディを負っている人に対して、そうじゃない人が意地悪になるのがとてもいやなんです。「じぶんは子どもがいる人のぶんまで責任を持たされました」ではなくて、「よーし、俺がやるよ。頑張ろう」となってほしい。

いつ、じぶんが支えてもらう側になるかわかりませんから、じぶんが支えられるときは支える。それが社会というものです。会社も社会なので、「私がやるわよ」となっていけばいいですよね。

そして、これはきれいごとではなく、うちでは割合、それができていると思います。そしてできている理由は、ルールの問題というよりも、人だと思っています。

## 「いい人募集」に込めた思い

**——ほぼ日の採用についてうかがいたいと思います。最近、採用したのはどのような人でしょうか。**

**糸井**　「いい人募集」という形で募集しました。それも広告を出すのではなくて、採用告知そのものを「ほぼ日」の記事として出したんです。

**——「いい人募集」の「いい人」とは、どういうイメージですか。**

**糸井**　どう言ったらいいんでしょうか。「いい人」を定義してくださいと言われると困ってしまうんですが、仕事の中で話をするとき、ごく普通に「いい人」という言葉を使っていますよね。一緒に働いていて、「いい人をとったね」「いい人に来てもらったね」とも言います。

その「いい人」は、なにかの条件を満たしているというわけではなくて、ある種の運や縁としか言いようのないものです。採用する側にいる人にとっては、声の出し方がよかったとか、なにかのいい感じがあったんでしょう。

**——たしかに「いい人いない？」という聞き方をよくします。普通の会話の中では使っているのに、実際に採用の場面になると自然と使われなくなる言葉です。**

**糸井**　ぼくは、これから仲間になる人と、これから仲間を迎え入れようとしている人たちとの両方にとって、「心で一致するいい人像」があるんじゃないかと思っています。

「いい人像」はあるのに、人を採用するものさしとして定義できていないだけではないか、と。その定義できないものを、うちではあえて前に出したんです。

あいまいなことを言っているようですが、なにかを表現するとき、最も大事な芯になることは、ぼわっとしているものです。

もう一つ、もし「いい人」を定義してしまうと、それに合わせた人がやって来てしまうから定義をしていない、という理由もあります。

**――応募してくる人が採用基準に合わせてしまう、ということですか。**

**糸井**　「面接用の人格」が現れてしまうんです。たとえば「明るくはきはきしている人」と書くと、明るくはきはきした演技ができる人が来てしまう。

**――ほぼ日の場合、糸井さんの信奉者みたいな人も応募してきそうです。**

**糸井**　熱量が高すぎる人は少し困ります。「あなたに命がけ」といったようなことを言われても、それは勘弁してくれと思うじゃないですか。

**――「糸井さんの書いたものは全部読んでいます」といったアピールもありそうです。**

**糸井**　そういうことは黙っておいて、ぼくのことをなにも知らないと思っていたけれど、実は書いたものを全部読んでいた、ということがずっとあとでわかったりする人もいます。

これ見よがしなのはダメで、そういうことはじぶんから言うべきではないと思っているかどうかが、センスなのだろうなと思います。

**「力がある」だけでは人をとらない**

**糸井**　採用は戦いではありません。ぼくは応募してくる人のいいところを探したい。だから、「ここが悪いから落とす」とか「この条件が違う」ということを事前に細かく決めたくはないんです。

**――普通の会社の採用試験だと、落とすためのものさしがあって、そちら側の議論をするほうが多いかもしれません。ほぼ日は、最初の頃から「いい人募集」をやってきたのでしょうか。**

**糸井**　最初はもっといろいろありました。人事や採用は一番、試行錯誤している部分です。募集や採用の方法は、これまでさまざまなことを試してきましたし、これからもそれは続くと思います。ただ少なくともうちでは、「いい人ではないけれど力がある」という理由だけで人をとることはないようにしています。

**――学歴がいいとか、キャリアがすごいとか、普通の企業が人をとるときには、「力がある」ことを基準にします。ほぼ日はそこを気にしないということですか。**

**糸井**　まったく気にしません。どうして「力がある」ことに頼らないかというと、一つは長続きしないから、もう一つは仲間の支持が得られないからです。漫才コンビがひとりだけで飛び抜けたことをやろうとしても無理ですよね、コンビですから。組織になると、それがますます難しくなると思っています。

野球のチームだって、かならずしも四番バッターとして活躍してくれそうな人ばかりを採用するわけではありません。じぶんだけでは得点できないけれど、チームにいい影響を与えるような選手も大事なわけで、採用された選手にも、「このチームに来てよかったな」と思ってもらえるほうがいい。

## 「あいつも呼ぼうよ」の「あいつ」

**――つまり、「この人なら一緒にやっていけそう」と感じた人をとるということですか。**

**糸井**　ぼくが社員によく言っているのは、「どこか旅行に行こう、遊びに行こう」というときに、「あいつも呼ぼうよ」と呼ばれる人がいますよね。その「あいつ」が、うちがほしい人です。そういった人が、うちに入ってから「術」を覚えていけばいい。

ですから「いい人」には、「すぐやれそう」という人と、「いますぐにはできないけれど入れたい」という人が混じっています。

この人だったらぼくらと一緒になにかを見つけてくれるんじゃないかというポテンシャルを持っている人、とも言えますね。

**――採用はどんなふうに進んでいくのですか。**

**糸井**　最初は書類選考です。たくさん応募してくれますが、まずはすべてに目を通します。その中で、人事担当と新しく人をとりたい部署が会いたいと思う人を選んで、何回か面接をします。

**――筆記試験や適性検査、性格診断のようなものはないのですか。**

**糸井**　ありません。豆を選ぶようなことであれば、その方法が正しいのだと思います。食べられる豆と食べられない豆があるとしたら、なにかの基準で分けられますから。けれどうちは、ふるいにかける必要があるほど人をとっていませんし、それはやらないようにしています。関係者が面接をして、「質問にどう答えた」「どんなことを思っている人なのか」「じぶんが一緒に仕事をしたいと思うか」といったことを話し合います。

そして、残念だけれど「この人よりもこの人」という判断を重ねて、少なくても三次面接まで続けます。下手をすると、四次面接までいきますね。

―― 糸井さんはさいごに面接をするんですか。

**糸井** さいごから二番目とさいごに会います。最近は最終面接に合宿を加えるケースもあるので、そのときは全部付き合って、一緒に寝泊まりをします。

合宿をすると、その人の姿勢が見えてくるんです。小さいことで言えば、集合のときにどうだったかという様子からチームへの気遣いがわかります。気遣いばかりにかまけて我を忘れる人だっているかもしれません。

ただこれは、意地悪に落とすために見ているのではなくて、「いいね」というところを見つけるために必要なんです。

## 人事や給料の話は未完成でいい

―― 人をとるときには、どうしても採用基準や平等性ということをよく言われます。

**糸井** ほぼ日の場合、チームで仕事をするときに、どういう人と一緒に働きたいかということを大事にしています。力があるかどうかとか、なにかの技術があるかということは、かならずしも問われません。

**――けれど、それは数値化できませんし、基準をつくるのも大変そうです。**

**糸井**　採用基準に「一緒に働きたいか」という気持ちのようなものを入れてはいけないというのが、いいルールをつくりたい人たち、いわば昔の官僚のような人たちの言ってきたことなのでしょう。

なぜそんな基準を入れてはいけないかというと、説明しきれないからです。世の中では、説明できる人が立派だと思われていて、「ぼくはわからない」と言うことが難しくなっています。

けれどほぼ日では、わからないことも未完成であることもよしとしてきました。(「宅急便」生みの親でヤマト運輸元会長の故)小倉昌男さんの『「なんでだろう」から仕事は始まる!』(新装版、PHP研究所)という本に、「社長を辞めるまでに解決に至らなかった問題もある。もっとも心残りなのは、納得のいく人事評価制度を作れなかったことだ。こればかりは、いくら考えても『正解』がどこにあるのかわからなかった」と書いてあって、それを読んだときにすごくほっとしたんです。

小倉さんほど影響力があって支持されている経営者が、人事や給料については「わからない」と書いている。人事や給料を決めることは、それだけ難しくて深みのあることだと教えてくれたんです。

**――人事や給料は、社員にとってものすごく関心の高い部分です。そしてかならず出るのは不平等に対する不満です。**

**糸井**　ルールや基準を決めるときに、完成形には達しないまでも、いい点を取ろうとするから苦しくなるんです。その一番大きな原因は「不平等でないか」という問題に応えようとするからです。

けれど、そこには永遠に答えがありません。採用試験に落ちたというだけで、すでに不平等なわけですから。

**――平等にできるのでしょうか。**

**糸井**　できませんよ。それをわかっていない人とは、そもそも付き合えないと思います。たとえば、「なぜぼくを落としたんですか、理由を聞かせてください」という問い合わせをしてきた人がいたとしたら、それを聞いてきたことがすでに失格です。だって女の子に振られて、「どうしてぼくは振られたの」と聞きますか。ぼくは聞かない（笑）。ああ、ダメだったな、と思いますよ。

**――きっと糸井さんの根底には「平等はあり得ない」という思いがあるんですね。**

**糸井**　完全な平等を求めても無理だと思うんです。たとえば、生まれたときからこういう顔をしているのはどうしようもないわけです。それが、その動物の世界で好かれる顔だったかどうかで、もうすでに不公平になっている。

そんなところに目を向けないほうが本当はいいんだけれど、そうもいかないという矛盾の中で人間の社会は成り立っている。会社だって、「私が一緒に仕事をしたい人」という基準はそれぞれにあるわけで、そのときどきでそこを大事にしたほうがいいんです。

## 仲間にはこう育ってほしいと伝え続ける

**――ほぼ日に人材教育のようなものはありますか。**

**糸井**　制度はないけれど、ぼくも仲間を頼りにしたいわけで、教育というよりも、じぶんの仲間にはこう育ってほしい、こういう人になってほしいということは伝え続けています。

ぼくはコピーライター時代、師匠や弟子という関係で人と付き合ってきた人間です。品質管理という意味で、上下関係をものすごくはっきりさせていました。

ものをつくるということは、ものすごくわがままなことなので、弟子の出すものがライバルになるほどのものだったらいいけれど、そこにいたらない段階だと割ときつい感じで否定していたと思うんです。

弟子が芽を出そうとしているのを無意識のうちにつぶしてしまって、「ああ、やっちゃったな」と思ったこともありました。

それはよくないんです。あとで謝ろうが、ごちそうしようがダメです。弟子には理不尽なこともしたけれど、その反省があったからいまのほぼ日がある。

弟子と社員は全然違って、社員には働いてもらっているわけですから。

**――働いてもらっているという意識はいつ頃から出てきたのでしょうか。**

**糸井**　ほぼ日をつくってすぐのときは、まだありませんでした。できることなら寮をつくって、夜中まで仕事をしようじゃないかと思っていましたから。

けれど、先輩の経営者から「糸井さん、それは最悪です」と怒られました。そして、その通りだと素直に反省したんです（笑）。

**――考えてみれば、糸井さんは組織で働いた経験がほとんどありません。その中で、社員を育てていくことをどのように身につけていったのですか。**

**糸井**　ぼくには無数の先生がいて、特に難しい問題については、いろいろな人から教えてもらいました。近い人にも遠くの人にも教えてもらいましたし、本から学ぶこともありました。それでもまだ途上だし、その意味ではぼくはいつも吸収していないといけません。

それは社員も同じだと思います。ただ、いつ頃までにこうなっていないといけないという具体的な基準は、ほぼ日にはありません。

**――ほぼ日には、おおよそ何歳になったら課長、その次は部長。そうなれなかったら出世競争からはずれる、といったキャリア設定はないし、管理職向けの研修制度などもないわけですね。**

**糸井**　はい。成長やステップアップは人によってまったく違うことですから、それぞれでいいと思うんです。

たとえばうちには、三年ぐらいの間、海に向かって石を投げるように過ごしていたという人もいます。ぼくは、彼が楽しく働いていると思っていたけれど、彼は「毎日、つらかった」と。じぶんがなにもできないという気持ちで、「ばかやろう」と石を投げていた。

それがあるときから、なにかできるような気がしはじめたと言うんです。やっぱり、成長は人それぞれですね。その話を本人から聞いたときはびっくりしました。

## リーダーシップを持っているか

**――ほぼ日には、普通の会社にあるような評価制度はないんですか。**

**糸井**　ないわけではありません。一番の軸はリーダーシップを持っているかどうかということで、たとえば「ほかの人を引っ張って一緒に目標を達成する」とか「ある場所に到達できる」といったことで、みんながそうなりたいと思うことを大事にしています。

**――具体的にはどう評価しているのですか。**

**糸井**　「自己評価表」を年に二回提出してもらっています。評価はまず、人事と上長がまとめて、最終的には人事ミーティングを設けて、全体の評価を決めていきます。

**――普通の会社だと、評価の結果は「A」とか「C」とかつけるものです。**

**糸井**　そういうランクをつけることよりも、周囲は結構見ているものですから、「ちゃんと見てあげたほうがいいんじゃないか」とか「こういういいことをやっているよ」といった声をフィードバックしていくことが大事なんです。

**手仕事のように評価をする**

**――かなり手間をかけているんですね。**

**糸井**　重要なことですから。じぶんたちの身の丈に合った最適な形を求めようと、手仕事で整えるようにして、なんとか評価をしてきたという感じです。

――いまのほぼ日の評価の仕組みはベストな状態なのでしょうか。

**糸井**　途上にあるので、そんなことはわかりません。

ただ、「糸井さんにほめられた」とよろこぶような会社にはしたくありません。これはものすごく重要なことで、「糸井さんにほめられるのもうれしいな」くらいにしたいですね。

――糸井さんは社員をほめたりしないんですか。

**糸井**　ほめますが、そのときは公然とほめます。ミーティングが終わったあとで、「質問はありませんか」と言うとかならず質問する新人がいるので、「いいね、君は」とボールペンをあげたこともあります(笑)。

――大きな会社にいると、社長に声をかけられただけで自慢する人がたくさんいます。その

**割には社長が参加する会議ではしんと黙っていたりするものです。**

**糸井**　親しくしていたある会社の社長と話していたとき、「社員が楽しくミーティングをしているところにじぶんがドアを開けて入っていくと、一気に静かになっちゃう」とさみしそうに言っていたんです。

ほかの会社のことはよくわからないけれど、それはきっと、そうすることで中央集権を守る仕組みがあったんでしょうね。そういう意味で言うと、ほぼ日ではぼくがミーティングに入っていっても、本当に静かになりません（笑）。

**社員がじぶんで「人事異動」できる？**

**——ほぼ日に人事異動はありますか。**

**糸井**　人事異動はあります。主に二つのケースがあって、一つはどこかのチームが停滞しているケース。もう一つは、どこかのチームが自然にその人を必要としているケースです。

前者のケースは、「ちょっとあの人には困っていて」というような話が出て、初めて人事異動のようなことが動きだします。

「ここでは生き生きできない」という人がいたら、まず本人とよく話してみます。「やってみたら得意じゃなかった」とか、なにか理由があることが少しわかって別の部署に異動することもあるし、よくよく話し合ってそのままということもあります。ここは動いたほうが自然だよ、となったら異動します。

**――つまり「四月が人事異動の発表です」といったルールはないんですね。**

**糸井**　基本的にはあまり動かさないつもりでいます。「てっぺんから見下ろして人を動かす」というようなことは、ほぼ日にはありません。ただ二つめの、「あの人がいてくれたらいい」という話が出てきたら、その方向で動くこともあります。

**――やらせてみたらすごく伸びて、もっとこういうことをやったらいいんじゃないか、とい**

**う人事異動はある、ということでしょうか。**

**糸井**　それはあります。特に新人は一緒に仕事している人がよく見ていて、そういう話が出てきたら、「反対だ」と言うことは基本的にありません。ぼくはだいたい「いいんじゃない」と言っておしまいです。

それに、うちはどこかの部署で仕事をしていて、ほかの仕事に手伝いで入ったりすることが普通にあります。「うまくいっているなら、それでいいじゃない」と自然にやっています。

**――「この仕事がおもしろそう」と本人が思ったら、上長の判断を仰がずに勝手に入っていいんですか。じぶんで人事異動するようなことは、普通の会社ではありません。**

**糸井**　うちでは小さなお手伝いレベルのことは自由にやっています。人にかかわる部分は本当に難しいので、トップが勝手に異動させたといちいち思われるようになるのはよくないことです。

**――多くの会社では、上司が人事権を握っているから言うことを聞くことも多いですが。**

**糸井** そうなってくると、いろいろとややこしくなって、明日への道筋がつきにくくなっていきます。ぼくは、力を誇示する場所にトップがいるようにはしたくないとずっと考えてきて、そうならないようにしてきました。

これは「糸井さんにほめられたことをよろこぶような会社にはしたくない」という話とも通じています。どちらも、うちにとってはとても大事なことです。

## 「貢献」することで機会を得る

**糸井** うちには、伝家の宝刀のような言葉が二つあって、「誠実」と「貢献」です。

「誠実」については、「誠実は、姿勢である。弱くても、貧しくても、不勉強でも、誠実であることはできる」ということ。

「貢献」については、「貢献は、よろこびである。貢献することで、人をよろこばせることができる。そして、じぶんがよろこぶことができる。貢献することにおいて、人は新しい機会を得る」です。

そして、「誠実」と「貢献」では、「誠実」のほうが重要です。

一般的に言うと、会社というところでは、人は仕事をするマシンとして動いています。原料を入れたら製品が出てくるようにできている。だから、なにか特別な邪魔をしない限り、マシンが動いてなにかがつくられていく。この時点で社員はすでに「貢献」しています。整列しろと言ったら整列ができる、というようなことです。バケツリレーだって、参加しているだけで「貢献」していることになる。それができているのが会社という仕組みです。そのうえで、もっとよくすることも、もっと気持ちよくすることもできる。あるいは、じぶん以外の人がうれしくなるようにもできる。

たとえば頼んだ人によろこんでもらえたら、じぶんもうれしくなりますよね。そうやってなにかが一つできると、次にやることがまた出てくる。

つまり「貢献」することによって人は新たな機会を得る。ほかの人やチームに対してまったく「貢献」できていないと、そこにいる意味はありません。「貢献」したくてそこに加わったわけですから。

**――「貢献」できていれば、次のチャンスも巡ってくるということですね。**

**糸井**　「貢献」という言葉は、（経営学者の）ピーター・ドラッカーの言う「成果」という言葉に置き換えることもできます。これはおおいに大事だと思います。

「成果をあげる」とはどういうことかというと、非常に具体的なことだと、「今度の仕事はなんだ」ということをみんなに見られるかどうか。ああだこうだと言うだけではなくて、なにを目指し、どうやって実現したかということです。

**――会社で言えば、立派な企画書をつくって会議をするだけでなくて、目的を明快にして実行せよということですね。当たり前のようでいて、うまくいっていないところはたくさ**

**んあります。**

**糸井**　うちだって全部できているとは思いません。けれど、これを言いだしたのが二〇一四年だから、だいぶ変わってきたと感じています。

それまではどちらかというと、「一生懸命やります」という人同士が平らにワイワイ働いていて、そこには具体的な視点が足りませんでした。

それで「期限」「責任」「やり方」という言葉を考えてみました。「こうだったらいいのになぁ」ではダメで、じぶんたちのやり方でやってみること。つまり行動しなければならないんです。いつまでという期限も含めて、責任を持つんだとわかったうえでやっていく。そういう人になってほしいと思います。

**——社員がほぼ日で働く姿勢がわかりました。言葉はやさしいけれど、中身はかなり厳しいことを言っていますね。**

**糸井**　課題があって、成果があって、貢献してよろこばれると、また新しい機会を与えられて、さらによろこばれるものになっていく。この循環がチームで活動することのおもしろさであり存在理由で、それを実現していけたらいいなと思っています。

## 「誠実」と「信頼」はセット

**――「誠実」のほうはどうでしょうか。**

**糸井**　「誠実」というのは、じぶんで判断できることです。嘘はいくらでもつけるけれど、小さいことも大きいこともじぶんは知っているから、「誠実」じゃなかったと思うことはできますよね。だから「誠実」でありたいと心から思っていることが大事なんです。

「誠実」であればおのずと「信頼」が生まれます。なにかの仕事を頼んで、一緒に手をつないでいるときに、その人が手を離さないこと。逃げないと思える人とは仕事ができると思うんです。つまり「誠実」と「信頼」はセットになっている。

**――「誠実」が一人ひとりの社員の中にあれば、会社は本来うまくいくはずですね。**

**糸井** うちは案外そこもできていると思っています。この間、あるイベントを開いたときに、とにかくお客さんがいっぱい来てくれたんです。とてもありがたかったけれど、人手が足りなくなって「SOS」が出ました。ぼくもこれは大変だと感じて、社員に「頼みます」とメールをしたら、すっと人が集まってくれた。

**――社長の糸井さんが声をかけたから、みんな集まったんじゃないですか。**

**糸井** いや、そうじゃないんです。ぼくが言ったからやりますというのは、ほぼ日の「誠実」と「貢献」の考えとまったく違います。

このことは「誠実」だからだと感じました。やさしいとか、いい人とかいうことのほかに、そういう渦中にいることに、なにかおもしろみを感じてくれたのだと思います。

人に対して「誠実」で、じぶんにも「誠実」であることが、案外大きいんじゃないでしょうか。いわゆるいい人だからということだけでは、どこかで苦しくなっちゃいますから。

一方で「信頼」があると、できることが増えます。たとえば「なにかを貸してください」と言ったときに、信頼がない人は貸してもらえません。「信頼」がある人はお金でも人でも場所でも貸してもらうことができます。たくさんの「信頼」がある人がなにかをしようと思えば、周りの人は信じてくれる。

**――「信頼」は意図的に手に入れられないということですね。**

**糸井** 効率を優先したり、じぶんの成果を期待しすぎたりすると、「信頼」は失われてしまいます。だから長期的に見れば、テクニックで「信頼」は得られないし、たとえ得られたとしても、そういう「信頼」は当てにならない。「信頼」を得るには、農業のような地道な努力が必要です。手に入れるまでにとても時間がかかる。

頭を使うだけではダメで、汗水たらして働いてできた農作物をよろこんでもらうということを何年も繰り返して初めて、「信頼」は手に入るものなんです。日々の積み重ねだから、

「信頼」を得ることが目的になったらいけません。

**――当たり前のことのように、日々続けていくことが大事なんですね。**

**糸井**　ぼくたちがほぼ日でやってきたことは、田んぼを耕すようなことばかりです。最近は田んぼを耕すようなことを、みんなが評価しなさすぎると思っています。丁寧に人の手の入った田んぼは、なにを植えてもきちんと育ちます。

そして日々、手をかけて田んぼを耕し続けると、さいごに人が育つんです。

●

ほぼ日が始めた「働き方改革」は、労働時間を減らしながら給料のベースを上げるというものので、糸井さんの話を聞くまでは、実現可能なのか少し疑問を抱いていた。

「働き方改革」を進める企業の多くが、仕事を合理化したり効率化したりして生産性を上げる方向でさまざまな施策を打っている。それなのに、ほぼ日の「働き方改革」はそうではない方向に向かっている。

ほぼ日は質のいいアイデアをたくさん生み出すために、「働き方改革」を実践している。いいアイデアが生まれれば、それが新たな事業になって利益を生む。そのために社員の働き方を考えていこうとしているのだ。

多くの会社では、「働き方改革」を実践するために「集中力を高めよ」とかけ声がかかる。ほぼ日の考え方は違う。質のいいアイデアを生み出すには「もっといいアイデアがあるのでは」と問い続けることが大切であり、それは決して集中力だけが生み出すものではないというのだ。言われてみれば、とても腑《ふ》に落ちる話だろう。

人の採用では「いい人募集」と呼びかける。これは学歴やキャリアといった「力がある」ことを基準にせず、「この人だったら一緒になにかを見つけてくれる」という可能性のある人を、人事と採用する部署が話し合って決めている。

評価についても同様で、かっちりした制度に基づいた評価ではなく、関係者が何度も話し合いを重ねて、その結果を丁寧に社員にフィードバックしている。

人事や給料は、企業にとって最も重要な問題だ。

ほぼ日では、「これが完成形」と決めるのではなく、わからないことも未完成であることもよしとしながら、独自のやり方を模索している。

ある意味、当たり前のことをたゆむことなく続けている。そこに人の目と手が行き届いている。人ときちんと向き合い、人と人のかかわりを大事にしているのだ。

なぜ「働き方改革」を実践するのか。社員を評価する意味はなにか。そしてどんな思いで人を採用し、育てるのか。私たちは、改めてじぶんに問う必要があるのかもしれない。（川島）

# 第三章

# ほぼ日と組織

どんな企業も、理想的な組織のありようを模索している。経営者の多くが、いまの時代に合ったやわらかな組織の形に変わらなければならないと危機感を募らせているものの、どうしたらそれが実現できるのかと悩んでいる。

「隣の部署がなにをしているのか知らない」「管理部と営業部の連携がうまくいかない」。大企業になるほど組織の縦割り化が進んで、それぞれの部門が有機的に連動しながら求心力を持つことが難しくなっている。年功序列をベースにした上下関係のはっきりした役職配置も、本当に意味があるのか、意義が問われている。

そんな中で、ほぼ日は人体模型図のような「内臓型組織」を標榜している。フラットな関係を土台に、互いが自由にかかわっていくような組織を目指しているのだ。

そのためにユニークな取り組みも実践している。たとえば四カ月に一度ある「席替え」では、さまざまな部署の社員が机を並べる。定期的な席替えによって、それぞれの社員がじぶんとは異なる仕事をする社員を理解し、協力し合えるようにしている。

「やさしく、つよく、おもしろく。」という行動指針や、「動機」「実行」「集合」という「クリエイティビティの三つの輪」を尊重し、実践しながら組織が動いている。

一人ひとりの社員がじぶんの頭で考えて、自律的に動き、連携する。じぶんで発案したことを、チームを集めて遂行する。そんな自律型組織をつくろうと、ほぼ日は試行錯誤を重ねている。

**ほぼ日には会社組織の憲法のようなものとして、「ほぼ日の行動指針」があります。**

**やさしく**

私たちの会社が社会に受け入れられるための前提となるものです。

相互に助け合うということ、自分や他人を「生きる」「生かす」ということです。

**つよく**

企画やアイデアやコンテンツを、会社として、組織として「実現」「実行」できること、現実に成り立たせることです。

**おもしろく**

新しい価値を生み出し、
コンテンツとして成り立たせるということです。
「ほぼ日刊イトイ新聞」や「ＴＯＢＩＣＨＩ」のように「場」を生み出し、ひとが「場」に集まる理由です。
これが、ほぼ日の強みです。

ほぼ日は、この言葉の順番もたいせつにしています。
まず「やさしく」が、おおもとの前提にあり、

「やさしく」を実現する力が「つよく」です。
その上に、新しい価値となる「おもしろく」をどれだけ生み出せるかが、
ほぼ日の特徴です。

――なぜ、これをつくろうと思ったのですか。


**糸井**　この言葉ができたのは、そんなに昔のことではありません。

ぼくはもともとなにかを言葉にするのはちょっと信用ならないと思ってきました。けれど、人間は毎日雑多な生活の中で生きている。だからビジョンや社是、ミッション、理念といった「目標」が会社にあることは、とても大事だとも思っていました。会社は目的のある組織ですから、やっぱり旗印がないとダメなんです。

ただ、言葉にしてしまうとそれが会社を縛ってしまうところもあります。

たとえば「美に貢献する」というと、その「美に貢献する」という言葉が枠になってしまい

ます。言葉は「なにかをする」ためにあるのであって、「言葉に合わせるためになにかをする」わけではありません。

「なにかをするにはお金が必要だ」というのはわかるけれど、「お金が必要」ということが優先されすぎたら、「なにかをする」ことが見えづらくなることもあるわけです。

言葉にすることには、そんな危なっかしいところがある。ですから慎重にならなくてはいけないんです。

**――言葉そのものが枠組みをつくる。そして組織になると、その言葉を振りかざしてしまいがちです。**

**糸井** だからぼくは言葉に縛られてしまわないように、縛りようのない言葉をつくるしかないと思ったんです。そんな答えはあるんだろうかとずっと考えていました。

ぼくが言葉を扱う商売だったので、人から見られたときにプロとして注目されることもある。その程度なのかということもあります。その意味でも難しかったですね。

## 雪かき、祭りの寄付、峠の茶屋

**――それでも、あえて言葉にしたのはなぜですか。**

**糸井**　「ほぼ日」をつくってすぐの頃からずっと考えて、じたばたしていました。ただ難しいことだけれど、言葉を通してみんながじぶんたちの世界観を重ね合わせることは大切だとも思っていました。

仮に「〇〇分野でシェア日本一を目指す」と言えば動きやすいし、わかりやすい。けれど、そういうことだけでいいのかなとも考えていました。

東日本大震災のあと、じぶんたちがやりたいと思っていることと、これはやってもいいと思うことが、だんだんとほぼ日の事業に上手に混ざるようになってきたんです。

震災復興のお手伝いをするような仕事は、直接は利益を生みません。稼ぎは出ないけれど、会社として集まっているぼくたちがやるべきだし、やっていいことでもあります。

**――ただ会社って、利益を上げてなんぼの世界です。**

**糸井**　そこでぼくは、会社は一つの「人格」で、その中に個性があったり性格があったりすると考えて組織を組み立てられないかと思ったんです。上場をする前に、きちんと説明できるようにしておきたいとも考えていました。

会社の仕事には、直接は利益につながりにくいけれど、やったほうがいいことも含まれる。そういうことをじぶんに理解させ、社内外の人たちにもわかってもらおうと思ったんです。

思いついた一つのイメージは雪かきです。

あるお店が、じぶんの店の隣まで雪かきをするのは、損得で判断すれば損かもしれません。けれど会社としてやっておかしいことではありません。

店に来る人が歩きやすいようにするのは、その会社の仕事です。そしてじぶんの店の前だけ、きっかりと線を引いて雪かきするのはダメなわけで、お互いのエリアを外れてもやるべきものでしょう。

もう一つのイメージは、お祭りの寄付。

京都や地方の町を見ていると、お祭りで使う山車《だし》を保管したり、補修したりする仕事に、結構なお金と労力がかかっています。町で商売をしている人はみんなそれにかかわっていて、手間をかけられない会社は寄付という形で手伝っていたりします。

もう一つが峠の茶屋。

これも維持するのは大変だけれど、本当に必要としてくれる人のために、やめないで続けていくことが大事です。「もうからないからやらない」ではなくて、「それが私たちの社会的使命だと思ってやっています」という考え方はあるんじゃないかと思いました。

## 安心して仕事ができる「得」

**糸井**　「雪かき」「祭りの寄付」「峠の茶屋」はいまの時代、株主がなんと言おうが企業がすべきことでしょう、という説明ができるんじゃないかと思ったんです。

うちは上場しているので、株主や社会にこのように説明する必要があります。「雪かき」や「祭りの寄付」「峠の茶屋」は、「それによってなにが得られるんだ」と問われたときに「回り回って利益になる」と説明することができます。

「情けは人のためならず」。さいごはじぶんたちの得になるんだとも言えますが、それよりも、じぶんたちの心が落ち着くとか、安心してほかの仕事に取りかかれるという意味まで含めて、「じぶんたちの得になるんだ」という説明ができるわけです。

**――「心が落ち着く」「安心してほかの仕事に取りかかれる」ですか。**

**糸井**　企業が社会とかかわっているからには、そこまで含めて考えたほうがいいんです。

たとえば東日本大震災のとき、みんなが節電しましょうと言っているのに、「稼ぐチャンスだからうちは電気をがんがん使うぞ」と言ったら、気持ちはよくありません。会社はもうかるかもしれないけれど、社員が思い切って働くことができなくなるはずです。

そこでさきほどの考え方を、じぶんたちの言葉にしようと考えたんです。

**――たしかにじぶんの会社が、「雪かき」「祭りの寄付」「峠の茶屋」といった役割を大事にしていれば、素直に気持ちがほっとします。**

**糸井**　ぼくはこういうことであれば嘘ではない企業理念とか、じぶんたちの心のありようが言えるかもしれないと思いはじめました。そして、うちがずっと生き残るかもしれないと思って、「やさしく、つよく、おもしろく。」という言葉を考えました。

## 「やさしく」あることが第一

**――糸井さんは過去にもこういったメッセージをつくってきましたよね。**

**糸井**　「ほぼ日」のキャッチフレーズやスローガンを考えたことはありました。最初につくったのは「Only is not Lonely」。「ひとりでいることは孤独ではない」という意味で、インターネット時代における人のあり方のようなものを示唆しています。いまでもぼくはこの言葉がとても好きです。

次は「ゴキゲンを創造する、中くらいのメディア」。これもあまり枠組みをつくらない言葉として使っていました。けれどそのうちに、じぶんたちで「中くらい」と限定することもないなと考えるようになったんです。

そして上場しようというときに、いいきっかけとして、外の人に説明する言葉を改めてつくることにしたんです。

**――世の中にある企業理念とはかなり違います。すべてひらがなで、子どもでもわかる言葉で、言っていることも広く深い意味がありそうです。**

**糸井**　社会に照らし合わせて、どんな人でもわかる言葉にしたいと思ったのですが、難しかったですね。けれど、そういうことがいつでもぼくを追い立ててくれるんです。

**――糸井さんでも、追い立てられることがあるんですね。**

**糸井**　当たり前です。「できないよ」という気持ちもあります。でも「じぶんの会社なんだからそのくらいつくれよ」という思いや、「本職だろう」という思いもありました。本職として芸を見せているようになってしまってはいやだし、難しかったですね。

それでもずっと考え続けて、会社として「やさしく」が大事だというのは、最初に思ったことです。みんなが望むのは「やさしい会社」です。

**――「やさしく」の説明文の中にあった「相互に助け合うということ、自分や他人を『生きる』『生かす』ということ」というくだりは会社にとって大事なことですね。**

**糸井**　だから最初にしたんです。ハードボイルド小説の名台詞と同じで、「やさしく」ないとこの社会で生きる資格がない。じぶんにも他人にも「やさしく」あることが第一なんです。

こういうフワフワしたところも、大事にしていきたいと思っています。「やさしく」が重要だということはもう無意識に感じていたことですから。

たとえばぼくが死んだあと、ほぼ日で論争が起こったとします。「やさしく」ないけれどそれでもやるべき事業なのか、とか。するとより深いところで『やさしく』なかったらダメだよね」というやりとりが起こるはずです。「やさしく」はいい意味で、ぼくらがよって立つ理由を表してくれると思ったんです。

ただ、会社としては「やさしい」だけでなく、「つよく」ないといけません。言い換えればタフであるということ。つよくないと生きていけないし、人の役にも立てませんから。たとえば「ちょっとそこのニトログリセリンを持ってきてください」というお願いは、転ぶかもしれない人にはしませんよね。絶対に転ばないだろうと思う人に頼むはずです。つまり「つよさ」とは、確実に実行してくれそうだということです。

## 少しずつ「つよく」なってきた

――「会社として、組織として『実現』『実行』できること、現実に成り立たせることです」というくだりですね。

**糸井**　なにができるかという「実行」のところも含めた「つよく」なんです。うちは、この「つよく」のところを少し前まで、よその人たちに頼っていました。多くの商品でつくるところ、つまり「実行」まではできていませんでした。

でも、だんだんと「つよく」なってきて、本当に手を動かすつくり手の人たちが希望を持てるような、つくる環境や売る環境を整えることまで、できるようになってきています。

――いいものをつくっているのに知られていない、売る場所がない、というつくり手やメーカーは世の中にたくさんあります。

**糸井**　そんなときに販路をつくる実行方法が持てるようになりつつあるわけです。うちには、いわゆるクリエイティブな人たちから相談があるんですが、聞いてみると「つよく」の要素が鍛えられていないことが多いようです。

**――普通の会社だと、「つよく」が苦手な人にもそこばかり求められることが多いように感じます。どれだけ利益を出せるのか、どれだけお客を集められるのか、と。「やさしく」が抜けているのかもしれません。**

**糸井**　「つよく」のところを先に鍛えて、「やさしく」が置きざりになる可能性があるということですね。うちはあくまでも「やさしく」が先で、「やさしく」の人が「つよく」ならないといけないと思っています。

おおもとのところで、なぜぼくらが生かされているかということ、人々がほぼ日のなにを認めてくれているのかということがあって、そこで「つよく」ならなくちゃいけないんです。「つよく」については、子どもを育てるときとちょっと似ています。

子どもは、勉強する理由がよくわかっていないと、進んで勉強しようとはしないはずです。けれど友だちがなにか困っていて力になりたいとき、力を貸すには勉強が必要だということが、ぼくらもようやく最近わかってきたところなんじゃないでしょうか。
そこは、もっとやっていかないといけないと思っています。

## 「おもしろく」が人を集める

**――さいごの「おもしろく」は、「新しい価値を生み出し、コンテンツとして成り立たせるということです」と書いてあります。**

**糸井**　「おもしろく」は、ぼくがよく言っているコンテンツについての部分です。「おもしろく」ないとほぼ日である意味はありません。
コンテンツはアイデアのかたまりです。商品も、記事も、本も、服も、流通の仕組みも、ビジネスモデルも、ぼくらは新しく考えて、コンテンツとして立ち上げることができる。

新しい商品を練り上げるときも、じぶんたちの力の生かし方は、普段のコンテンツをつくるときとなにも変わらない。やっぱり根本的にメシの種になるのは、「やさしく」と「つよく」ではなくて、「おもしろく」なんです。

人が集まってくれる理由も「おもしろい」からです。それは人間の持つ性質でもあります。「やさしく」「つよく」ても「おもしろくない」ことはある。逆に「やさしく」「つよく」ないけれど「おもしろい」ということもある。

悪い例で言えば、イジメのようなことをしたって「おもしろい」とされることはあるでしょう。だけど、それでは本当に人が集まるようにはなりません。ぼくらのチームの仲間になってもらえないでしょう。

## 「動機」「実行」「集合」の三つの輪

――ほぼ日には「クリエイティビティの三つの輪」というものがあって、そこに「『ほぼ日』のコンテンツは、このようにして生まれています」と書かれています。言葉を紹介します。

「ほぼ日」は、コンテンツへの読者の反応から(集合)、
消費者の普段の生活への洞察を引き出して
自分たちの動機とすり合わせ(動機)、
社内や、外の人と組んだりしながら、
新しいコンテンツを生み出しています(実行)。

このようにして、提供したコンテンツに対して
顧客から得た反応を直接受け止め、
素早く洞察に変えて
「動機」を「実行」につなげることで

「集合」を生み出し、次の企画へとつなげます。

「動機」「実行」「集合」を
社会に対して開きながら、
往復運動を繰り返して循環させていくことで
「ほぼ日」のコンテンツは生まれています。

**糸井**　これはもともと、社内の人たちがわかればいいなと思ってつくったものです。じぶんたちが根本ではこう考えて回していますということを、覚えておくためにつくりました。

仕事の「動機」はなんなのか。これはとても大事なことです。どんな仕事も「実行」する前にかならず「動機」があります。「こういうものをつくったら、こうやって使ってよろこんでくれるお客さんがいるに違いない」というのが仕事における「動機」です。

そして「実際に工場でつくって、お店に出して売ろう」というのが「実行」です。
そのあとに「使ってみたけれど、もう少しこうしてほしい」とか「人にあげたいからこうしてくれたら」と集まってきた人たちとのやり取りが生まれて、よりよいコンテンツにするのは「集合」の仕事になる。
これは上場してから、ぼくらの仕事の仕組みを外の人に説明するときにも使っています。

**「やさしく、つよく、おもしろく。」はぐるぐる回る**

**――「クリエイティビティの三つの輪」は、「やさしく、つよく、おもしろく。」とつながっていますね。**

**糸井** つながっているし、みんなでずっとやっていくことだとも思っています。この言葉をつくってからずいぶんと時間がたっているけれど、仕事中にもよく使われているから、いまでも通用するのだと思います。

この中でもし変化するとすれば「おもしろく＝集合」の部分です。

人がおもしろがっているか、そうじゃないかというのは、しょっちゅう変わることです。ただそれについても、最近は割合と適応できていますね。

**――どんなふうにですか。**

**糸井**　多分、個人がおもしろいと思うことと、個人ではなくなったときに本当におもしろいかといったことの両方について、ひとりだけでなく、チームで話し合って相談したり、確認したりしているんじゃないでしょうか。「あっ、ちょっと足りてない」とか。

**――ひとりよがりではなく、ほかの人のアイデアも加えてよりよくなれば理想的です。ただ多くの企業では、そこで企画書にして、会議にかけて決めるのがありがちな手順です。**

**糸井**　うちではそういうことはやりません。

**――「承認された」という言葉が登場しないのですね。ここもユニークなところです。**

**糸井**　そこがユニークだと言われても、ぼくらにとってはうちが変わっているかどうか、正しいかどうかはわからないんです。やってみて続いているし、割とうまくいっているからいいかな、というだけです。

**――「やさしく、つよく、おもしろく。」も「クリエイティビティの三つの輪」も終わりがなく続いていくのでしょうか。**

**糸井**　大事なのは、この三つがらせん状にぐるぐると回っていくということです。

ぼくたちのやったことに対して、集まってくれた人がよろこんでくれたら次のステップに入る。ほぼ日手帳がこんなふうに使われていて、その人たちがこんなふうによろこんでくれている。だったらもっとおもしろくして、もっとよろこんでもらおうと回っていく。三つの輪の中が、らせん状に上に向かってぐるぐると回っていくことが大事なんです。

**——糸井さんは言葉をつくったときからずっと社員に話してきたのですね。**

**糸井**　ずっと言っています。

**——練りに練って考えたものはぶれることはないわけですね。**

**糸井**　そんなことはありません。更新する可能性はいつだってあります。原理主義になるといったんは力が出るでしょう。ただ同時に狂ってダメになっていくこともあります。言葉はだいたい正解だとわかるまでには試用期間が必要になります。しばらく使ってみて違和感がないとなったら正解になる。

「やさしく、つよく、おもしろく。」はいまも行動指針として生き残っているから、これは正解なのだろうといまは思っています。そしてもしかすると、いずれほぼ日がなにか違うことを始めることになっても、「やさしく、つよく、おもしろく。」という骨組みに戻って考えられるような言葉にもなると思っています。

## 総務がすごく前にいる会社

――ほぼ日では、「やさしく、つよく、おもしろく。」は事業にかかわる人も、総務や人事、経理といった事業部門以外の人も実践していますね。

**糸井** たくさんは知らないけれど、普通の会社だと総務の人は「楽屋裏」にいることが多いようです。でもうちは、総務がものすごく前にいます。

――普通の会社では、総務や経理、人事などの管理部門は楽屋裏で社内をいろいろと取り締まっているものです。

**糸井** 管理するから、ときに憎まれたりしますよね。

――営業部門は「俺が稼いでやっているのに総務が生意気だ」と思っていたりするし、経理

**部門は「営業が勝手なことを言って困る」と不満を抱いていたりします。**

**糸井**　うちでは、そういったことがまったくありません。それは、それぞれのプロジェクトをやりたい人が手を挙げて、メンバーを集めているからでしょうね。

それぞれのプロジェクトについて、管理部門の社員が担当者に「なぜそんなことを始めたの」と聞いたりしながら一緒にやっている。管理チームはぼくたちがコンテンツをつくると、「わぁ、いいね」だけではなくて、「私は買わない」とか「もっとこういうのをつくって」と言ってくれたりします。

あと、ほぼ日では四カ月に一回くらい席替えをしています。

完全なくじ引きで席が決まるので、誰もが隣に座る可能性がある。じぶんとは違う仕事をしている人を理解してほしいと思って始めました。

**――オフィスは、部署ごとに区切られているわけではないんですね。**

**糸井**　いろいろな仕事をしている人が自由に混ざっています。経理の人の横にデザイナーがいたり、その隣に原稿を書いている人がいたり。そうするとお互いの仕事がわかってくるし、いろいろな仕事があってつながっていることも理解できてきます。

たとえば隣の席に大柄で大胆な感じの男の子が座って、彼が経理の人だったとします。すると「そういう経理もいるんだなぁ」と思うし、隣にいれば、経理とはどういう仕事かということも理解できるようになります。

そうして、お互いの仕事を尊敬する気持ちが生まれてくるのではないでしょうか。

## ほぼ日は「場」をつくる会社

**——部門ごとの上下関係もないのでしょうか。普通の会社だと稼ぐチームがいばることが多々あります。ほぼ日だと、売り上げの半分以上を占める手帳チームがえらい、とか。**

**糸井** ありませんよ。手帳チームはひとつもいばってなくて、新人も多かったりするから、組織の中ではちょっと下にいるくらいです(笑)。

「売れていてうれしいね」ということはあるけれど、そんなことでえらいねとは言われません。なぜなら、それはたまたま手帳の担当になっただけのことですから。

**――すごくおもしろい発想をした人がえらい、とか。**

**糸井**　誰が考えたかなんて、そんなことはどうだっていいんです。

連歌の世界では、ある人が上の句を言ったら、次の人が下の句、その次の人がまた上の句、さらに次の人は下の句、と続けていきます。そして下の句を受けた人がすぐにうたえないときには、ほかの誰かが言っていいというルールがあります。なぜかというと、連歌は「場」がつくるものだからという考えがあるからです。

ぼくの中にも同じ考えがあって、「誰がつくったか」よりも、「どんな場がつくったか」のほうが大事だと思っています。

「ほぼ日はどんな会社なのか」と聞かれると、最近ぼくは『場』をつくる会社だ」と説明しています。うちが一貫してやってきたのは、「おもしろい場」をつくって、その中から「おもしろいアイデアが生まれてくる」ということです。

**頼まれたなら、できるということ**

**――それを社員が実践しているのはあまりないことですね。たいていの会社では、社長は社員からアイデアが出ることを望んでいますが、現場の社員は言われた指示に従うほうが安心だと感じています。ほぼ日がそうではないとすると、なにがそうさせているんでしょうか。**

**糸井** 一つは成功体験でしょう。「これはじぶんができた覚えがある」という経験を、みんながてきているのだと思います。

プロとして頼まれた仕事には、「できるかできないか」と悩んでいる時間がいりません。できたことがあるものは、「できるんだろうか」とグダグダ悩む時間は不要です。

**――でも新しいことをやるときは、できるんだろうかと心配になります。**

**糸井**　「これをお遣いしてきて」と頼まれたとします。最初は近場だからできるけれど、だんだんと遠くになってきて、あるときアフリカの奥地にお遣いを頼まれたら、「できないかもしれない」と思うかもしれません。

けれど信頼できる先輩から「お前はできるよ」と言われたら、「できないかもしれない」と考える時間はなくなりますよね。そこがとても大事なんです。

ぼくも若いときに作詞を頼まれたことがあって、最初は「へえーっ」と思ったけれど、信頼してくれたプロデューサーに「きっとできますから」と言われて、「じゃあ、できるんだ。どういうものをつくればいいんだろう」と、すぐにやる方向で考えられるようになりました。

一方で、「一度小説を書きたいんだよね」と言っているけれど、実際にはなかなか書かない人もいますよね。あれは、「お願いします。あなたはきっとできるから」と頼まれていないからだと思うんです。

つまり頼まれるということは「あなたはできる」と認めてくれた人がいたということです。

――頼まれた段階でできると思われている、ということですね。

**糸井** もちろん信頼関係があってのことですが、そういうことです。そして「できないかもしれない」と考える時間を減らせる。実際にやってみて、言われた通り「できたね」となればすごくいいですよね。

――成功体験になるし、自信もわきます。でも「きっとできます」と言われると、すぐやってみる方向にはいかず、「どうやったらできますか」と聞きたくもなります。

**糸井** そこは、「まずはじぶんで考えろ」という話ですね。

――人から仕事を頼まれることにはそんな意味があるんだと気づきました。ほぼ日では、社員とそういうかかわりを続けてきたのでしょうか。

**糸井** そうやって一つずつ仕事を進めてきたのだと思っています。じぶんではたどり着けなかった、あるいは思ってもみなかったアイデアを出す人を見たり、それが実行できてよろこんでくれる人が出てきたり、という繰り返しが、会社の中でいつも起こっているということが大事なんです。

## 人体模型のような組織図

**――ほぼ日には、部長や課長といった役職もないのでしょうか。**

**糸井**　取締役と上長はありますが、取締役のほとんどが上長の役割を担っているので、関係ないと言っていいと思います。

つまり判子を押すのは誰かということは決まっていて、「上長の指示を得てください」と書類に書いてあるからいる、といったようなものです。そしてみんな、上長であることがあまり好きではない人たちがやっています。

**――ほぼ日の組織図は、一体どうなっているんですか。**

**糸井**　人体模型図の内臓のようになっています。肝臓、腎臓、胃といったように。ただ外部に書類を出すときに、その図をそのまま出すことができないので、さきほどの上長だとか部長といった言葉を入れていますね。

**――ほぼ日の会社のホームページには公式な組織図が掲載されていますが、それとは別に、人の内臓にたとえた組織図もあるようですね。**

**糸井**　一般的な組織図は、資本市場向けの言葉に翻訳したものですが、実体は人体模型図のような形で動いています。

内臓は、それぞれの臓器がお互いに信号を出し合い、信号を受け取り合うことで全体が動いているそうです。ぼくは内臓のように、それぞれのチームがそれぞれ自律的に動いて関係し合う仕組みが、うちに合っていると思ったんです。

**――会社の組織図でこんな不思議なものは見たことがありません。公式の組織図のほうもわかりやすいけれど、シンプルすぎる気がします。**

**糸井** 組織図について、いわゆるツリー構造のような考え方があります。おおもとに脳があって、手足などの末端にいくにしたがって下に位置するというものですね。

あの構造ではうちの組織は描きにくいと思いました。もっと平らにしたいし、お互いが自由にかかわっていく組織がいい。それで内臓に近い形にしたんです。

## 全部がつながって役割を果たしている

**――人体模型図のような組織では上下関係がありません。それでも全部がつながって、それぞれの役割を果たしている。そうなりたいという思いがあったのでしょうか。**

**糸井** みんなが生き生きしてくれたらいいな、という思いがありました。誰かの命令で動くのではなく、じぶんの頭で考えた「これはやりたい」という思いが、誰かの「これはやりたい」

と組み合わさっていくのが一番いいですから。

「ほぼ日」を始めるずっと前からほかの会社をいろいろ見てきて、「これはいやだな」と感じることがたくさんありました。

たとえば「上がわからず屋だから俺の考えが通らない」と言う人がいたとき、ぼくは「本当かな」と思っていたんです。それは「上と言われる人が、本当にいい考えを止めているのかどうか」ということと、「上と言われる人を説得できるだけのことを、下と言われる人は本当に考えたのか」ということです。そして、やはり上下の縦軸にしてはダメで、組織は横に広げるべきだという考えにいたりました。

これは、ぼくの『インターネット的』（ＰＨＰ研究所）という本にも書いていますが、船の構造から着想しました。船の構造のように会社の組織図を考えてみたらどうだろう、と。

乗組員の中にはジャガイモをむいている人もいるわけですが、だからといって「お前はジャガイモむきだ」とバカにされてはいけません。そういうことを、みんながわかるにはどうしたらいいのかと言えば、人体にたとえるのがいいと思ったんです。

内臓の話なら、どれが大事でどれが大事ではないということはなくなります。「腎臓はなくてもいいです」とは言えませんよね。「腎臓が傷んだときには別の臓器が代用するようになる」という説明もできます。「片方の肺を取ったけれど、それで別の臓器が鍛えられました」ということだってあるはずです。そういった補い合いも含めて、組織を人体にたとえると、みんながわかりやすくなると思ったんです。

## 厳しさと楽しさは一緒

**――みんな、というのは社内ですか。**

**糸井**　社内です。「うちにいるみんなが重要なんです」という話がしたくて考えたことですから。それが内臓のような組織図になったのはよかったと思っています。

ピラミッド型の組織にいる人は、上から下へ命令が伝達されると思い込んでいます。けれどぼくは、内臓の図をイメージしながらいろいろなことを考えています。

たとえば「上が聞いてくれない」と文句を言っている人が、「上がどんどん聞いてくれる」ようになったときにどうするか。その人の本気度が問われます。上の人も下からどんどん上がってくる提案の中からいいものを選ばなくてはならなくなると、同じように本気度が問われて、上も下も緊張感が高まります。

**――いい意味で、じぶんに厳しくなりますね。**

**糸井**　そうです。厳しさと楽しさは一緒です。そしておもしろい提案を引っ張り上げることのできる先輩にならないと、後輩から相談してもらえなくなります。

**――たしかにほぼ日では、「管理」や「決定」という言葉以上に、「相談」や「あと押し」といった言葉がよく使われています。**

**糸井**　うちは上も下もないから、みんなの本気度が問われる一方で、「ぼくなんかが言ってもダメだと思うんだけれど」といった発言をする人はあまりいません。

**──内臓のような組織になっているということですね。**

**糸井**　ただそれは、図があったからそのような組織になったわけではありません。もちろん図も役には立っています。少なくともうちのベテラン社員はみんな、ほぼ日がピラミッド型の組織ではないと理解しています。

ただ大切なのは、それが図だけではなくて、空気や環境といった「場」になっているということです。

## 会社が遊びより楽しい場所になればいい

**──聞けば聞くほど、ほぼ日は変わっている会社です。最初は「あり得ない」と少しタカをくくっていましたが、本質的なことをまっとうにやろうとしている会社だとわかりま**

**す。じぶんがいかにどっぷりと会社員の価値観に染まっていたか気づきました。**

**糸井**　そういう会社員の気持ちもぼくはわかります。毎日、何年もそういうことを繰り返しているうちに、そういった身体になっていくわけですから。

しかもぼくは、別にまっとうな会社をつくりたかったわけではなくて、ここにいる限り、いいアイデアが採用されて、いいアイデアを出さないとダメじゃないかと言われるような会社をつくりたかっただけなんです。

**――それも糸井さんが「やりなさい」と言うのではなくて、自律的にじぶんで考えるようになっている。そういう意味でも世の中にはあまりない会社です。**

**糸井**　なくはないと思います。ノッているときの会社はこういうものかなと思ったりもします。ノッていないとできないことは山ほどありますから。だからときどき、冷静にうちがどうダメかということを考えてみることも大事にしています。

**――うまくいってはいるけれど、途上であるということですね。**

**糸井**　ずっと途上だと思うんです。だから体質にしていく。会社が遊ぶ場所ではないのはよくわかるけれど、じぶんだけの遊びよりも楽しい場所になっているといいですよね。

ぼくは仕事をするのがきらいだったから、こうしているだけなんです。こんないやなことをじぶんが人とやっていくには、よほどいい環境をつくらないと続けられないと思っているんです。

プロ野球選手の中にも「得意だからやっているだけです」と言う人がいます。でも、試合に勝ったときの彼らのよろこびようを見ていると、それだけじゃないなとも思いますよね。

敵がいたり、味方がいたりするところを、ギリギリのところで走り抜けて、「息が止まる」「心臓が飛び出す」と思いながらも、「やったー」と言える瞬間がある。だから、勝負を続けていられる。

あるいは俳優さんたちが、舞台を見事につとめたカーテンコールで、右、左、正面、上、と見回して手を広げるときのうれしそうな顔。あれは、誰かから「お金を出すから、好きに遊んでこいよ」と言われて得られるものではありません。

そういう楽しみを会社の中でつくっていけたらいいなと、いつも考えています。

●

多くの企業には、理念やビジョン、行動指針といったものがある。ただそれが社員にしみ込み、日々の仕事に生かされているかというと、案外そうでもない。言葉が形骸化してしまっていることも多い。

会社は目的を持ったものだから旗印は必要だけれど、言葉にしてしまうと、それが会社を縛ってしまうところもある——。

糸井さんはそんな危険性を理解したうえで、「やさしく、つよく、おもしろく。」という行動指針を掲げ、「動機」「実行」「集合」という「クリエイティブの三つの輪」を念頭に置いた仕事の進め方を実践している。

じぶんがおもしろいと思うことが「動機」、それを形にするのが「実行」、お客と実際にやり取りするのが「集合」。そして「集合」を受け、よりよくしようという次の「動機」が生まれる。「クリエイティブの三つの輪」が循環して、組織も人も成長していくという考え方だ。

ほぼ日ではこうした言葉を、社員が日々の仕事の中で実践している。「やさしく、つよく、おもしろく。」と「クリエイティブの三つの輪」が実に生き生きと根づいているのだ。

「組織が縦割りに細分化されていて、横の連携がない」「経理や法務などの管理部門と営業部門の仲が悪い」といった問題は、組織が大きくなってくるとかならず起こる。

それが、ほぼ日にはない。

定期的に席替えをしたり、プロジェクトベースで自由にチームを組んだりすることで、社員が互いの仕事を理解し、一緒にやっていこうという風土が育まれている。役職の上下関係もあまり存在せず、フラットなかかわりの中で仕事が進んでいく。

ほぼ日が一貫してやってきたのは、「おもしろい場」をつくって、「おもしろいアイデアが生まれてくる」こと。人体模型図のような「内臓型組織」を目指しているのも、社員一人ひとりが自律的に動いて関係し合い、なにかあったら互いに補完し合うような「場」をつくろうという糸井さんの思いが込められている。

じぶんが働く組織は、なにを実現するために今のような形になっているのか。

これなにも、経営幹部だけが考えることではない。組織で働く一人ひとりが、最良の形を探っていくべきだろう。

（川島）

# 第四章

# ほぼ日と上場

糸井さんはコピーライターとして名をはせ、一九九八年にウェブメディア「ほぼ日刊イトイ新聞」を創刊した。個人でなく、チームで仕事をすることへの興味、インターネットとの出合いなどによるものだったという。

そして「ほぼ日」は、エッセイ、対談、インタビュー記事、商品紹介などの多様なコンテンツを毎日更新して、多くのファンを獲得している。そこから生まれたオリジナル商品を企画・開発・販売する「ほぼ日ストア」も確実に成長してきた。

二〇一六年一二月には社名を「株式会社東京糸井重里事務所」から「株式会社ほぼ日」に変更し、二〇一七年三月には東京証券取引所のジャスダック市場に上場した。上場企業になるということは、これまでのような個人企業を脱し、公の器となることを意味している。投資家が出資し、経営に参画することでもある。

ほぼ日は上場企業として、投資家や個人株主、そして社会に対して、説明責任を負う存在になった。優れたクリエイティブ集団が、一見するとその対極にあるようにも思える株式市場に、その価値を問われるわけだ。上場することで、多様な制約も増えるはずだ。
それでもなぜ、ほぼ日とそれを率いる糸井さんは、株式上場を目指したのか。

**——糸井さんは、なぜほぼ日というチームをつくろうと思ったんですか。**

**糸井** 振り返ると、コピーライターの仕事を含め、ぼくはずっとひとりでやっていたんです。一九九八年に「ほぼ日刊イトイ新聞」を立ち上げるときに初めて「個人ではなく、チームで仕事してみよう」と決意しました。いままでやってきたことは「人には伝えられない」と思っていたけれど、もしかしたらできるかもしれない。そう思ったからです。

**——フリーで活動を続けて、「糸井先生」のような扱いを受ける選択肢もあったはずです。**

**糸井** そもそもフリーのときのぼくの仕事は、「人に伝えられない」「人には教えられない」

から、ぼく個人にギャランティが払われていました。ぼくも、「俺が来たから大丈夫！」というふりをしていました。相手にそう思わせたほうが得だと知って、やっているところもありました。

ただ、ぼくは根が悲観的な人間だから、この方法論はもう古いのかもしれないとも感じていました。そのうちだんだんとダメになっていくじぶんを想像したんです。

このままいくと、どこかの会社で受付を通ろうとすると、「もしもし？」と止められて、「社長に会いに来たんだけど」なんていう顧問のおじいさんになってしまうかもしれない、と思うようになったんです。

じぶんひとりの欲望が満たせればいい、というのはなんだか不自由な気がしました。ひとりぼっちで考えるより、人と話しながら考えると、「あ、じぶんはこんなことを考えていたんだ」と気づかされることもあります。

ひとりで閉じこもって考え込むのではなく、誰かとつながりながら動くチームの仕事はおもしろいかもしれないと思うようになったんです。

ちょうどそのとき、インターネットと出合ったのも大きかったですね。新しい出発が案外楽しいぞと思えたんです。

## ほぼ日が、ぼくの背丈を超えた

**——それで会社の社員を増やして、「ほぼ日刊イトイ新聞」を創刊したんですよね。**


**糸井**　最初は有限会社でしたが、個人事務所として「東京糸井重里事務所」という名前をつけていました。よく考えてつくったし、割合といい名前だと思っていましたが、あるときから、この名前でいいのだろうかと考えるようになっていったんです。

個人としてのぼくの仕事を管理する会社ではなく、チームでなにかを実現する会社へ明らかに変化していたからです。

ここで言う「チーム」の考え方の中には、ぼくや社員ばかりでなく、協力してくれる会社や個人、読者やお客さん、いろんな場面で応援してくれる人たちのすべてが含まれます。

どういう名前がいいのか一〇年以上ずっと考えてきました。なかなか答えが見つからなかったんですが、二〇一六年に「株式会社ほぼ日」という新しい名前に変えました。

「ほぼ日」という言葉はみんなが呼んでくれていて親しんでくれているのだから、それがいいんじゃないかと思ったんです。これまで通り、いやこれまで以上に、ほぼ日がみんなのものになっていくとうれしいと思ってつけました。


**――「糸井重里」の名前を、あえてはずしたわけですね。**


**糸井**　あるときから、「ほぼ日」がぼくの背丈を超えたと感じていました。

「ほぼ日」は一九九八年の創刊で、生まれてからまだ二〇年しか経っていません。まだまだの部分もありますが、それなりに力もついてきました。

そこに集まった人たちが、このエネルギーをどう生かしていくのか。それを考えるのがおもしろいし、そうやって会社が成長していくと世の中が楽しくなるはずです。

野球だって、ひとりでボールを遠くに飛ばせるようになってもおもしろくはありません。チームがあって、ゲームがあるからおもしろくなる。それと同じで、ほぼ日というチームがあって、他流試合もあるからいいんじゃないかと考えました。

## 「子どもの自由」からの脱却

**——社名を変更した翌年の二〇一七年、ほぼ日は東京証券取引所のジャスダック市場に株式を上場しました。そもそもなぜ上場しようと思ったのですか。**

**糸井** ほぼ日でいろいろなことに取り組んでいく中で、「これまでは絶対、人には伝えられないと思っていたけれど、意外と伝えられているかも」と思うようになったものがたくさん出てきました。

半分くらい伝えられたら、もう相手に任せられる。そして半分くらい伝わったチームと一緒に働くのは「ものすごく楽しいぞ」と実感できるようになりました。ほぼ日の中で、チームをつくれる人も少しずつ増えていきました。

手帳を別にすると、ぼくらは一〇〇〇個売れる商品を一〇〇〇種類つくってきたような、いわば手づくりの得意な会社です。それを一〇〇〇人くらいがおもしろがってよろこんでくれれば、新しい商品をつくることは、ぼくらにとって願ってもないことだったんです。

ただ一方で、ぼくらと一緒にやっている会社の中には上場しているところもあって、何万、何十万個と売れるものをたくさんつくっています。

もしうちがそれをやろうとしたら、短距離競走でマラソンをするようなものですから、続けたら倒れてしまうし、そういう会社にはならなくていいとも思っていました。

けれどある頃から、ぼくの中でなにかがトゲのように引っかかるようになったんです。

## ―― トゲのように引っかかるもの。

**糸井**　「どこか違うんじゃないの」という感じです。正体を探ったら、それはぼくらの会社の事業のサイズが小さいということでした。

結局は波の荒い大海原に出ることよりも、湖の中でなんとかしようとしている。それが当たり前になっていたんです。成長のスピードも決して速くはありません。ぼくも社員も、成長の遅さに気づいていながら、なんとなく満足してしまっていた。

そんなつもりはなかったけれど、やさしさに保護されている会社になっていたわけです。

それではダメだなと感じるようになっていきました。

人間が生きていく「夢」のあり方として、これで本当にいいんだろうか。

そう思ったとき、ほぼ日はとても自由そうに見えるけれど、膨大な不自由が隠れているかもしれないと気づきました。ぼくたちが享受していた自由は、単なる「子どもの自由」かもしれない、と思ったんです。

## いまを生きる会社じゃないと、やっていけない

――「子どもの自由」のままではいけなかったんでしょうか。

**糸井**　子どもであることを言い訳にして、小さいサイズの中で狭い認識でいるじぶんと、それに合ったところで楽しくやっている社員、というバランスで落ち着いていることをとても残念だと感じました。

このままでは小さいサイズの中で、ほんの一部分のサイクルがうまく回るだけで、いずれはユニークな無形文化財のようになってしまうかもしれない。ジェット機に乗ればどこにだって行ける時代に、徒歩だけでやっている感じだったわけです。

そうではなくて、たとえ同じ徒歩で行くにしても「ジェット機にも乗れるけれど選ばないだけです」といったサイズ感を持ちたいと思いました。そのほうが、ぼくも含めて心の底からやりたいことが現れたときに自由になれる気がしたんです。

**――ほぼ日手帳をはじめ、ヒット商品は生まれているし、社員も増えている。外からは、十分自由にやっているように見えていました。**

**糸井**　けれど、やはり限られた範囲の中で、少しだけできていただけのことでした。

小さな企業のバザールのようなビジネスだったから、在庫が補充される前に商品が品切れしたり、大きな会社なら気づけたかもしれないビジネスチャンスを逃していたりすることがたくさんあったのだと思います。

**――ただ大量生産・大量消費を前提とした大企業になりたいわけでもないんですよね。**

**糸井**　もちろんです。かといって、ユニークな無形文化財になりたいわけではありません。サイズうんぬん以前に、いまを生きる会社でないと、やっていく資格がないかもしれない、とも思いました。

これからの時代のおもしろさというのは、誰かひとりがおもしろいと思ったものと、何億人がおもしろいと思ったものが重なるところにある。そういう時代に、ほぼ日が事業を続けていこうとすると、それまでの枠組みは窮屈《きゅうくつ》かもしれないと思いはじめたんです。

それが、いまから一〇年くらい前のこと。これをきっかけにぼくは上場を考えるようになりました。

特に東日本大震災以降は、じぶんのためとか、じぶんの仲間のためだけではなくて、やるべきことがあるんじゃないかという課題を見つけました。「仲間」の範囲が広がったわけです。

## つくる人とほしい人の間の敬意

**――東日本大震災でどんなことがあったんですか。**

**糸井**　東日本大震災を目の当たりにして、個人としてだけでなく、ぼくらのチームになにができるのか、なにをしたらいいのか、正解があるとは思えなかったけれど、ほぼ日にかかわった人たちが笑顔になることをしたいと思いました。

その人たちに対して、少しでも役に立ったほうがうれしいし、たとえ役に立てなくても、励みになったらうれしいと思うようになりました。

そのとき、ふと思い浮かんだのが「東北手工業地帯」という言葉でした。人の手で丁寧につくって、それを受け取った人が大切に使ってくれるもの。そんな商品を、震災を経験した土地から育てていくことができないか、と。

つくる人とほしいと思う人の間に敬意のようなものがあって、それがごく自然に交換されていく関係ができたらうれしいと思ったのです。

ぼくの考えに賛成してくれたのが御手洗瑞子さんでした。彼女はマッキンゼー・アンド・カンパニーで働いたこともある人で、ブータンの首相フェローをしているときに知り合いました。

ぼくは、当事者として現場で動いてくれる人が必要だと思っていたのですが、日本に戻ってきて東北復興支援の仕事を経験していた彼女が、それを引き受けてくれました。

**――そして気仙沼を拠点に手編みのセーターやカーディガンを届ける「気仙沼ニッティング」ができたわけですね。気仙沼ニッティングの商品は、手編みならではの素朴さと独特の風合いが魅力です。良質な毛糸で丁寧に編んであってたしかな上質さを感じます。**

**糸井**　かかわる人の誇りになるような、そんな仕事をつくりたいと思ったんです。気仙沼ニッティングの商品は決して安くはありませんし、大量生産できるものでもありません。けれど、着実に人気を集めて広がっています。

ただ働きでトントンという仕事もあれば、きちんと利益の出る仕事もある。一つひとつの仕事の損得を考えすぎるよりも、その両方が一緒にできたらいいと思ったんです。

そして、こういうこともほぼ日の仕事に入ってくると、会社の社会的役割というものをつよく意識するようになっていきます。さらに、ほぼ日が上場してもいいのかもしれないと考えるようになりました。

## 上場で、試される場に身を置く

**――ほかにも、上場の目的はあったのでしょうか。**

**糸井**　上場すると、ほぼ日は社会から見られていることを絶えず意識することになります。じぶんたちの仕事が本当に社会に受けいれられているのかどうか、いつも試される場に置かれているということです。これも上場の目的の一つです。

上場すれば、ぼくらは「株主」という形で参加してくれるたくさんの人たちに会えるようになります。当たり前のことですが、社員をどんどん増やすわけにはいかないし、お客さんとしてぼくらを支持してくれている人もたくさんいます。それが上場によってもっと増えた、ということです。

**——ファンですね。ただ株主だから、利益の追求や規模の拡大も求められるはずです。**

**糸井**　そういう一面もあるでしょうが、ぼくが考える理想の株主は「親しい知人」のような存在です。

株主というのは、ぼくらがつくったものを楽しみにしているお客さんでもあり、「あなたたちが航海している船の材木を買わせて」と手伝ってくれる人でもあります。同じ目線で航路を進み、ときおりうなずき合えるような関係。そしていつも励ましてくれるだけではなくて、親身になって批判してくれる人でもあります。

そういう株主がいることで、ぼくらは広い社会と向き合える。株主が増えたほうが、ぼくらは遠い旅に出られるし、船を増やす可能性も出てくる。そのほうが、うちはもっとおもしろくなる。

## もうけたい株主も応援したい株主も

**――外の目が入ることで、社員がじぶんたちを戒め、もっと成長したくなるということですね。それは社員にとってプレッシャーにならないのでしょうか。**

**糸井** 多少はプレッシャーになるかもしれません。ただ、いつでも苦しさとうれしさは紙一重です。

上場前はおもしろいアイデアを思いついても、「いつかやろう」と先延ばしにする部分があった気がします。けれど上場してからは、「いつやろうか」と考えるクセがついていきました。チャンスが巡ってきたとき、それを見失わないためにも、ぼくらは起きていなくてはいけない。

休みなしに働いているように感じることもありますし、実際、休んでいるときもいつもなにか考えています。それはぼくだけではなくて、上場することによって社員もいい意味でキリッとさせられたのだと思います。

**——株主の中には、ほぼ日のことをよく知っていて「応援するよ」という人もいるでしょうが、一方では「この株を買えばもうかるかも」という人もいますよね。**

**糸井**　いろんなタイプの株主がいると思います。ぼくがもし株主だったら、いまはダメでも、これからなにをするかわからない会社の株を買いたいなあと思います。

業績が安定しているとか、ものすごい勢いで伸びているとか、そういった基準で選ぶよりも、これからなにをするかわからない会社のほうがおもしろい。「ほかの会社の株はもうけるために買っているけれど、ほぼ日の株はファンだから買いました」という人が実際にいるのはうれしいことです。

だからほぼ日はなにをするかわからない会社であり続けたいし、うちの株主はそういうことを期待している人が多いように感じます。

**――配当だけでなく、ほぼ日という会社に可能性と魅力を感じているということですね。**

**糸井**　励ましてくれるだけではなくて、会社が人手不足だったら「知り合いを紹介しましょうか」と言ってくれたり、「なにか手伝えることない？」と声をかけてくれたりする株主だっているかもしれません。

「もっとおもしろいことをやってください」「この商品はここがよくない」と言ってくれる株主もいると思います。あるいは「これはできるんでしょうね」という感じで株を買ってくれた人たちも、「なにをやるか、見てみたい」と変わってきています。

いままでのほぼ日も、そういう親身な人たちに支えられてきたので、今後もそういう人たちと一緒に、長い航海を続けていきたいと考えています。

純粋に配当でもうけたい株主もいるでしょうし、それを否定するつもりもありません。ほぼ日のファンになって株を買う人もいれば、データを読み込んで株を買う人もいますから。ぼくはそのどちらにも認められたいと思っています。

それを実現するために、ほぼ日のいいところを変えないやり方があるんじゃないかとも考えています。できるかどうかはわかりませんが、「幸福」を基準とした資本主義のようなことができないか、ということです。

## じぶんたちの言葉で説明する

**——上場には難しい決まりごとがたくさんあって、その条件をクリアしないとできないイメージがあります。**

**糸井**　上場のことを考えはじめてから準備を整えて実際に上場するまで、結局一〇年くらいの期間がかかりました。その中で、ぼくは途中から、上場は幼稚園のお受験ビジネスに似ていると感じていました。あの塾に行って、あの関係者と親しくして、あの写真館で撮影しないと受からない、といったへんなイメージです。
そういった手続きのノウハウを、大事な情報として語る人がたくさんいました。

**――そういう作業を乗り越えて、東京証券取引所がほぼ日の株式上場を承認し、二〇一七年三月一六日、ジャスダック市場に上場しました。**

**糸井** 上場手続きで一番の違和感を覚えたのは、ぼくの話す言葉と証券会社の使う言葉がまったく違ったことです。でもやり取りを何度も繰り返すうちに、「こう話すとダメだな」「こういう話し方は通用するな」ということがだんだんとわかっていきました。

**――証券会社の言葉に合わせて話すようになったんですか。**

**糸井** そうではなくて、できる限り、ぼくらが普段使っている言葉でじぶんたちのことを説明しました。
上場の申請書類もひな形通りだとつまらないので、ぼくらの言葉で表現できないか、一つひとつ考えていったんです。書類から「ございます」という文言を削除したり。

そうしていくうちに、証券会社の人たちの知りたがっていることが少しずつあぶり出されて、ぼくらのやりたいことが伝わっていくようになりました。大変なことではあったけれど、なんとかやれましたし、その過程も割と楽しむことができました。

ぼくがお会いした証券会社や監査法人の人たちは、ぼくらの話をよく聞いてくれました。ほかの人がアドバイスしてくれた「そんな甘い考えで、証券会社や監査法人が認めてくれるはずがない。あの人たちは堅物だしわからず屋だし」という話が、そうでもないこともよくわかりました。

大変だったのは、ほぼ日で証券会社を担当した社員や、上場を想定せずに入社した管理部門の社員たちです。かなりハードなエクササイズになりましたが、さいごまでまっとうしてくれて、本当にありがたかったですね。

## 上場はジムでのトレーニングに似ている

——ほぼ日の上場のプロセスは、普通の人、いわば素人でもわかる道をたどって実現していったのだとわかりました。考えてみればとてもまっとうなことですよね。

**糸井**　ぼくが感じたのは「人は口で言えないことを書けるようになったときに、じぶんがわからないことを言えるようになってしまった」ということです。それを、どこまでじぶんがわかることだけを言うように戻せるか。それが、ぼくらがやろうとしたことだし、なんとかやり遂げたことでもありました。

上場すれば会社は戸籍を得て認知され、お金を調達できるようになる。一方でいろいろなことに縛られて、やりたいことができなくなるかもしれない。上場とはそういうものだと考えていました。

けれど、ぼくは上場を、企業がつよくなるためのエクササイズのようなものだととらえることができないかと考えたんです。ジムでのトレーニングに似ている、と。ゲーム形式のトレーニングではなく、筋力をつけたり、心肺機能を整えたりする感覚です。

**――糸井さんのように上場の意味を考える人はこれまでいなかったでしょうね。**

**糸井**　上場企業はこれまで、上場の意味をこんなふうには考えてこなかったのかもしれません。ぼくの周りには上場に反対した人がたくさんいて、ぼくが上場すると話したら「絶対に失敗しますよ」と言ってきました。

**――実は糸井さんから上場と聞いたとき、ほぼ日に似合わないと思いました。**

**糸井**　そういう人が多かったんです。じぶんでやらない人というのは勝手なことを言うものです(笑)。「糸井重里のよさは株式市場と違うところにある」とか「社風がつまらなくなる」とか。親身になって心配してくれたのはうれしかったのですが。

ただ上場するとダメになると決めつけている人は、ぼくが納得するような理由を説明してはくれませんでした。だから、いままでにやった人はいないかもしれないけれど、ぼくらの方法でできると信じて上場することに決めたんです。

あらゆることにおいてぼくは「これは正しくて、これは正しくない」と対立的に考えるのはつまらないと思っています。これまでは上場企業と非上場企業も、そんな対立軸の中で考えられることが多かったのではないでしょうか。上場と非上場や、大企業とＮＰＯ法人は、対立するものではなく、生きものと同じように一緒に生きていけばいいと思っています。

**――新しい形の上場ですね。利益至上主義ではないし、飛躍的な成長を目指しているわけでもない会社が株式市場で成立していく、ということです。**

**糸井**　ほぼ日の上場をいろいろなところで手伝ってくれた人たちの頭の中にも、「上場とはこういうものだ」という固定概念があったのかもしれません。

けれどそういった画一的な考えだと、株式市場は「玄人は得をするけれど、素人は近づけないもの」になってしまいます。ぼくらは根っからの素人だけど、「素人だから」という見方をしてくれる人たちにたくさん励まされました。
ぼくたちが上場したことでなにかが変わっていくのではないかと思っています。

## 成長のスイッチを入れる

**――上場すると株主からは企業の永続性や成長性を求められるようになります。**

**糸井**　上場するまで、ほぼ日ではそういったことをあまり考えてきませんでした。「三年先のことは考えられない」と意識的に言っていたわけです。

けれど上場では青写真を語ることが求められます。このとき、会社によってはしっかりとした青写真をつくろうと、ちょっとした嘘を混ぜることもあるのかもしれません。三年先どころか、半年先のことでさえ嘘が混ざってしまうことはあるでしょう。

ぼくはそういうのはいやだと思って、「わからない」と言い続けてきました。ただ、よく考えてみたらそれも「ひどいよな」と思うようになったんです。

ぼくらの活動を応援してくれる人だっているし、活動によってぼくらが応援している人だっている。社員もいます。つまり「わからない」と言えば、ぼくらの活動を当てにしている人たちを困らせてしまうのではないか、と思いはじめたんです。

「三年先にこうなります」とは言えません。けれど、「こうなりたいし、こうなるつもりで動いています」ということなら、嘘ではなく、本当のところを語れるかもしれない。それを話すことは、周りの人たちに約束をすることでもあって、ぼくらも少ししっかりしようとします。だから、思い切ってやってみることにしました。

**――順当に利益を上げて成長するシナリオを、ほぼ日も描いたということですか。**

**糸井**　そういうことではないんです。利益や成長は結果であって、目的ではありません。これはずっと思っていることです。

ただ、だからといってぼくたちは利益や成長を否定しているわけでもありません。当然、成長をしていきたいですから。誰もがじぶんの成長を願うのと同じように、じぶんの会社の成長も願っているのではないでしょうか。

ぼくは「成長性」という言葉に対して、「期待しないでください」とわざと言っているけれど、一番期待しているのは実はぼくたち自身です。その成長のスイッチを入れるために上場したようなところもありました。

**——利益を上げて成長するとなると、普通の会社は予算をつくって目標を管理していきます。ほぼ日はどうしているのですか。**

**糸井** 会社の予算も、ぼくは目的ではないと思っています。予算を設定すると、いつの間にかそれが目的になって、必要のないことややりたくもないことを無理してやるようになってしまう。それはよくないと思って、予算という考え方はいらないと思ってきました。

ただ予算をつくらないことで、前の年よりも今年はよくなるという概念が抜け落ちていました。「前年比アップ」という考え方が成長のために使われるとすれば、それは悪いことではないとも思いました。その意味では予算もありなんです。

そもそも、ほぼ日では上場前から予算という考え方をすでに取り入れています。

## 自由を確保するために予算がある

**――具体的にはどんなふうにしていますか。**

**糸井**　「なんとしても予算を達成するために、エイエイオー」というふうに、無理な力を使わなければ実現できない予算や、達成できなければ評価が下がるような予算はよくありません。けれど、なぜできなかったのかという理由を考えるための予算のあり方は賛成できると思いました。

もちろん「意味のない期待値＝目的としての予算」を設定することはやめたい。それが続けば、いずれはがんじがらめになってしまいます。

そうではなくて、自由を確保しながら、もっと言えば自由を確保するために、予算という手段を使う。つまり予算はあるけれど、うまくいったらその理由を考える、うまくいかなくて

も その理由を考える。次に生かすためのものとして予算をとらえています。

**——予算とは本来、そういうものだったのかもしれません。夢を実現するために、少しずつ成長して目標を設定して伸ばしていく。達成できればよろこべばいいし、できなければどうしたらいいかを考えて次にのぞむ。それがいつの間にか形骸化して、「予算＝目的」となり、達成するのが当たり前のような感覚に陥ってしまった。「予算の未達は許されない」といった考え方が、多くの企業の中では常識になっていますから。**

**糸井** それがきれいごとだけではないことは、ぼくも少しはわかっているつもりです。軽々しく「利益を出します」と言葉にするのが危ないとも理解しています。だから、ぼくらなりのやり方でできることをやっていこうとしています。

「大きく成長します」ということで人が集まる会社ではなく、ここに集まりたいという人がいてくれることで成長していく。だから株価が何倍にもなることを約束するつもりはないし、そのメリットもないと思っています。

上場することによって、いままで小さくやってきたことがきちんと続けられて、なおかつ、これからの下ごしらえもちゃんとできる。そうすれば、すぐにではないけれど、五年、一〇年経ったときに「ちゃんと大きくなったね」と言われるようになるはずです。「気がついたら、こんなに育っていたね」というのが理想です。

こういうことは、上場前なら相手にわかってもらわなくてもよかった。けれど上場をしたわけですから、いまは「ぼくがそう言ったら相手はこう受け取るかもな」ということも考えながら、できるだけ理解してもらえるように発言しないといけないと思っています。

**ベースは、人によろこんでもらえるか**

**——ほぼ日をよく知らない人にとっては、事業の柱がどこにあって、どのように稼いでいるのかわかりづらいと思います。**

**糸井**　上場するにあたってぼくが話したのは、「こうすればもうかる」ということではなく、

「こうすれば人がよろこぶ」ということでした。それが株式市場の常識からはずれていても、ほぼ日がいまやっていること、これからやろうとしていること、あるいは絶対にやりたくないことなどを話して、聞いてもらいました。

なにごとも大事なのは、根っこです。ほぼ日の事業のベースにあるのは、いつの時代も「人によろこんでもらえるか」ということです。

## ――「人によろこんでもらうこと」が事業のベース？

**糸井** 二〇年ほど前、偶然のようにピーター・ドラッカーの本を読みはじめて、「企業の目的は顧客の創造である」という言葉に出合いました。それ以来、どうしたら「顧客の創造」ができるのかを考えて、「人々がよろこんでくれるものを新しく生み出す」というふうに言い換えられると思いました。

「こんなことがあったらうれしい」ということが実現したら、そこに人が集まり、たくさんのやりとりが生まれる。新しい顧客が創られるとはそういうことだと思ったんです。そうやって稼ぐことが、人をよろこばせて市場の創造につながっていく。そんな理想的な循環ができていけばいいな、と。だからほぼ日の経営の根っこには「顧客の創造」があって、これは上場してもまったく変わりません。

そのために、「おいしい」や「うれしい」といった、人がもともと持っている感覚にもとづいた発想を練り込むことを、きちんとやらないといけないと思っています。

それができているかどうかというのは、言い換えれば、クリエイティブかどうかが問われるということです。クリエイティブな発想は、かならず人に訴えるつよさを持っています。目先の生産性にとらわれず、時間とコストをかけてクリエイティブな発想でつくったものは、人の本来の感性にかならず訴えますし、また簡単にまねもできません。

**――売上高ナンバーワンとか、シェアナンバーワンといったことではなく、やっぱりクリエイティブにこだわるんですね。**

**糸井**　はい。時間とコストをかけてクリエイティブなことをやるためにも、稼がなくてはいけません。それがいい循環を生み出す源ですから。それに本腰を入れて稼ぐと決めないと、その仕事にかけたお金や時間がもったいない。

もっと言うと、「そんなにもうからなくてもいいや」と思うことばかりやっていると、株主や手伝ってくれる人たちから、「本気じゃなかったのか」と思われるようになって信用を失っていきます。だから結論はやっぱり「稼がなきゃ」になるわけです。

**――でもほぼ日の場合、そういう会社にはあまり見えません。**

**糸井**　稼ぐということは、結局は人に支持されるということですから、やっているとおもしろい。うちは上場する前から、いいものをつくるためにきちんと稼ごうという気持ちが社員の中に当たり前にありました。上場後はさらにそれをしっかり考えるようになりました。

それにお金がなければ人をよろこばせることができなくなる場面もたくさんあります。それを乗り越えて成長するためにも、ほぼ日は上場してよかったんです。

## 「スペック」「情熱」の競争は避ける

**――上場したことで、社員が稼ぐ意味やおもしろさを理解して、実行しはじめたのですね。**

**糸井**　こういった考えを貫きながら上場後もやっていけるのか。ちょっとしたチャレンジかもしれません。しかし実力がついていけば結果は出る。それが次の成長につながります。

**――頼もしい言葉です。ただ従来の上場とはちょっと違う考え方だと思います。**

**糸井**　ぼくらは「スペック」や「情熱」の競争は避けたいと考えてきました。

これまでの会社は、価格や業績といった「スペック」ばかりを重視してきました。言葉にできて、比較できて、どれくらい安全なのかという確率を出すこともできて、といったことです。そのうえで、さらに大成功をすることを考えている。

そんなことばかりしてきたから、会社が生き生きしているかどうか、社員がよろこんでいるかどうかは、あまり関係のないこととされてしまったのかもしれません。みんなで「スペック」を比べ合うからほころびが出てきてしまう。

**――いかに「スペック」を上げるかは、多くの会社にとって至上命令のようになっています。「スペック」についてはわかりましたが、「情熱」はどういうことですか。「死ぬ気で頑張れ！」といったことでしょうか。**

**糸井** 追い込みをかけるような「情熱」を求める会社も少なくないと思います。それでなんとかカバーしようとしている、あるいはカバーできると考えているのかもしれません。

ただ、そういうやり方が成功するとは限らないし、無理が続くと身体を壊してしまいます。ぼくは若い頃からそういう「情熱」が大嫌いでした。

だからうちは、生き生きと働くとか楽しそうに仕事をしているとか、そういうところで勝負をする会社にしていきたいと考えています。

会社が健康かどうかは、一定の持続性があって社員が生き生きと働いているかどうかだとずっと思っています。

**――つまり、「スペック」や「情熱」ではないところが、株主にとっての企業の魅力になるということですね。あまり聞いたことがない話です。**

**糸井**　ほかにあるかどうかはわかりませんが、ぼくは会社の健康というものは、本来はそういうものだったんじゃないかと考えています。それがこのところ、「もっともっと」という勢いで「スペック」が価値を持ちすぎてしまった。言語化することや安全性の計算ばかりに目がいって、おもしろさの入り込む余地がなくなってしまったのかもしれません。

## 「おじさん成分」と「お父さん成分」

**糸井**　上場して事業をきちんと続けていかなくてはならないと思った瞬間、「大丈夫なの?」と問いかけるじぶんも現れました。「ぼく、全然、大丈夫じゃないかも」とじぶんの中で戦いが起きたのです。それで上場直後は少し気持ちが落ち込むようなときもありました。

振り返れば、なにかが生まれる直前に、ぼくはかならずこうなってきました。

「ほぼ日」を始める前もずっと釣りをしていて、いわば落ち込んだ状態にありました。といっても決してマイナスな気持ちばかりではなくて、なにかやらなきゃという気持ちがそうさせているわけです。経験的にそれは知っていたので、上場後、しばらくすると自然とそういう落ち込んだ状態からは抜けていきました。

**――上場によって起きたことの一つですね。**

**糸井**　なにも変わっていないけれど、ぼくが本当の意味で社長になったということかもしれません。

ぼくの中にはいつも、さぼろうとするじぶんがもうひとりいます。ぐずなじぶんが、そういう弱さをなんとかしようとして、いまのじぶんになってきているのかもしれません。

そして、そこから見えてきたのは、「おじさん成分」でできていたぼくが、「お父さん成分」を入れなくてはいけないということでした。

**――「おじさん成分」と「お父さん成分」。おじさんはちょっとだけ無責任だけれど、ときに助けてくれたりする。でもお父さんとなると責任が出るから、厳しかったり突き放したりする。**

**糸井** おじさんのときは、「こっちに進むぞ」と決めても、「あとは任せた」と会社のことを忘れる時間があってよかったわけです。力を抜いて、全部の責任を背負わないようにしているけれど、一方でみんなの自由を維持するためにまじめに頑張る役割がおじさんです。

ただ会社をやっていくのには、やっぱり「お父さん成分」が必要になります。映画『スター・ウォーズ』で言えば、ハン・ソロの役割が「おじさん成分」で、ダース・ベイダーが「お父さん成分」です。お父さんは悪役ですし、「あとは任せた」では済まされません。

**――いやな役回りも含めて引き受けて、責任を持って進めるのが「お父さん成分」で、かっこいいし人気者だけれど責任のない立場が「おじさん成分」ということですね。**

**糸井**　「おじさん成分」なら「いいよ、やりなよ」と言っていたけれど、「お父さん成分」は「ちょっと待てよ。もっといいアイデアがあるかも」と頭の中でじぶんに聞いているんです。

ぼくの中の「お父さん成分」は、社長に必要なことを問いかけてくるけれど、それがつよくなりすぎて「おじさん成分」がなくなると、それはそれで危うくなります。

ぼくは社長になったときから、どれくらい「ぬかり」のある状況にできるかということばかり考えてきました。理想はやっぱり、おじさんになることなんです。

ただ「ほぼ日刊イトイ新聞」は「ほぼ」とネーミングしたのに、ぼくは二〇年間、一日も休まずそこに原稿を書いています。そういうところは「お父さん」です。

ぼくは「おじさんの顔をしたお父さん」で、バランスが大事だとはわかっているけれど、意識的に使い分けることがまだできていません。

## 事業を育てていくのがぼくらの仕事

――上場してから、周囲の反応は変わりましたか。

**糸井**　想像していた以上によかったですね。

まずほぼ日は「ぼくの会社」ではなく「チームの会社」になりました。それがよころびをもって迎えられたのは、ぼくにとってすごくうれしかったことです。少し重たいことではありますが、誇らしくもありました。

ぼくや社員の周辺にいる人たちの反応に、ちょっとした驚きもありました。

たとえばぼくと同じマンションに住んでいるおばあさんは、いままで顔を合わせても会釈をするくらいだったのに、上場したあとにばったり会ったら、「上場おめでとうございます」と言ってくれました。

社内のみんなも、昔働いていた会社の重役から急に連絡が来たり、社員の親御さんや親戚から声がかかったり、いままでとは周りの視線が変わったという話をたくさん聞きました。

上場前に亡くなった妻のお父さんは、「おたくの糸井くんはずいぶんと楽しそうだね」と冗談っぽく言っていたのですが、病院に置いてある日経新聞で上場すると知って、「(東証)一部なのか二部なのか」と聞いたそうです。「真剣な顔で聞かれたからびっくりした」と妻が話してくれました。それまでは趣味のように見えていた仕事が、しっかりとした事業として見られるようになったのかもしれません。

経済紙とかビジネス誌など、いままでとは違うメディアの取材も増えました。

予想していたことではありますが、成長戦略について聞かれることがものすごく増えました。そこでぼくが「成長戦略だけじゃないよ」と答えるなら、ほぼ日が次になにをするのかもはっきり説明しないといけません。じぶんでじぶんに問いつめて出てきた答えは、「事業そのもの」でした。つまり事業を育てていくのがぼくらの仕事なんです。


**——社員のみなさんも変わりましたか。**

**糸井**　上場するまで、ほぼ日は息つぎせずに走るようなところがありました。「こういうところができていない」といった部分も見えてきますから、そこでみんなに無理をさせたところもあったと思っています。

「元服」ではないけれど、上場をして「大人になったね」と言われてからは、みんなに自覚が生まれてきました。一つひとつの仕事の進め方が、上場前はこんなふうではなかった、ということがたくさん出てきたのです。

みんながしつこくなりました。よろこばれる経験が増えたので、「これでいいや」ではなく、もっと考えるようにもなりました。

社員からなにかやりたいという声が挙がったとき、以前ならぼくは「まず、ここと、ここがダメだから、もう一回考えて」と言うようなことがしょっちゅうありました。だけどいまは「いいんじゃない」と言う回数が増えています。ぼく以外の社員のアイデアがぼくを感心させることが増えて、いちいち全部を見て親のように口を出すことが減ってきています。

## 油断しなければ、伸びていける

**――やりたいことがじわじわと広がっていくとうれしいですね。**

**糸井**　すばらしくうれしいことですね。そうなるとアイデアを持ってきた人と、もっともっと話せるようになります。「これを考えるきみだったら、きっとわかると思うけど」ということを言えるようになってきました。

そうすると、その人とぼくはもっと深度のあるところで信頼関係ができていく。このまま油断しなければ、みんなで伸びていけると思います。

**――育ってきた社員に向けて、さらにこうなってほしいという姿はありますか。**

**糸井**　もう少し、ふざけたところがあってもいいのかもしれません。

昔、ぼくらは社員総出でお弁当を買いにいく企画や、とにかくたくさん食べる社員旅行なんかをおもしろくやっていたけれど、そういうことは一回も経験がない人が増えています。そうすると、いい意味でも悪い意味でも、海賊っぽさがなくなってしまいました。そこをもう一度、取り戻したい気もします。

## 人がよろこんだ結果が支持になる

**――上場後には、「生活のたのしみ展」を開いたり、新商品「ほぼ日のアースボール」を発表したり、「ほぼ日の学校」を始めたりしています。**

**糸井**　これからも、そういった新しいことを次々とやっていきます。「生活のたのしみ展」では、出店してくれたクリエイターや企業の中には、商品が売り切れたところもたくさんありました。予想していたよりもたくさんのお客さんがよろこんでくれました。

「アースボール」はほぼ日がつくった新しい地球儀で、投げたり、抱きついたりと、ボール代わりに遊べます。スマートフォンをかざすとたくさんのコンテンツも楽しめます。二回目の「生活のたのしみ展」では、ヒット商品番付の二番手にもなりました。
「ほぼ日の学校」も始めています。「働き方改革」が進むと、普通の人は早く会社を出るようになります。けれど、すぐ家に帰るわけにはいかない人もいるだろうし、飲み屋通いも次第に飽きてくる。そうした人がなにをしたいのか。ぼくは勉強だと思います。
そこでシェイクスピアや万葉集など、古典を学べる学校を開くことにしました。

**本当に頼りにしたい人を増やしていく**

**――上場してから、ほぼ日はいままでの活動と違うことをいろいろと始めました。そんなふうに見えています。**

**糸井**　たいていのものは上場前から仕込んでありました。ただ上場後に始まったので、上場前後で、ほぼ日に対する世の中の見方はずいぶんと違ってきました。そんなことが、いろいろとわかっておもしろかったです。

ただ、どの事業も花は開いたけれど、まだ実を収穫して食べるところまではいっていません。まだまだこれからという存在です。大きな可能性のあるところをきちんと開拓してきたので、それを続けていこうと思っています。

こういうことを増やして育てていくことが、うちの事業の広げ方なんでしょうね。

**――社員も増えているし、オフィスも大きくなってきています。**

**糸井**　新しい事業をすでにいくつか始めているので、また人手が必要になっています。バリバリ仕事を取ってくる営業の人より、本当に頼りにしたい人に来てほしいですね。うちに入社する人の大半は、ほかの会社を辞めてほぼ日に来てくれるわけですから、それだけの魅力がないといけないと思います。その体制づくりも含めて、人材にはこれからも投資をしていきたいと考えています。

**――ほぼ日の株式上場は本質的なことを、まっとうにやろうとしている気がします。前例が**

あまりないから、みんなが半信半疑で見ているところなのでしょうね。事業をどのように広げられるか。これからが注目されます。

●

ほぼ日がなぜ上場したのかは、最も聞きたいテーマの一つだった。創造的なおもしろさや人の感性に訴えかけることを大事にしているほぼ日の企業姿勢と、上場して株主への責任を負う企業になることに、距離があるように感じられたからだ。

糸井さんは一〇年くらい前から、上場について考えはじめていたそうだ。

上場すれば、社員はじぶんの仕事が社会に受けいれられているかを試されるようになる。そんな環境にほぼ日を置くことで、企業としての筋力を鍛えたり、心肺機能を整えたりすることを考えていた。

だからほぼ日の上場は、企業としての規模や利益の拡大だけを目指したものではない。

糸井さんは、「スペック」や「情熱」の競争は避けたいとも考えている。競合他社のシェアを奪って業績を伸ばすような「スペック」や、社員に無理なノルマをしいる「情熱」によって企業を大きくすることを志向していない、というのだ。

むしろ大事にしてきたのは、ピーター・ドラッカーの「企業の目的は顧客の創造である」という姿勢であり、人々がよろこんでくれるものを新しく生み出すこと。人をよろこばせることを実現して稼ぐことで、市場の創造につなげる。そんな循環を目指している。

上場後のほぼ日は徐々に、糸井さんの会社ではなく「チームの会社」になってきている。社員がみずからアイデアを考え、実行する自覚が生まれ、じぶんの成長と会社の成長を重ね合わせるようになっている。

生き生きと働くとか、楽しそうに仕事をしているとか、そういうところで勝負をする会社にして、「幸福」を基準とした資本主義のようなことができないか――。

言葉だけを見ると理想論のようにも感じられる。

けれど、それを一つずつ形にして実現したのがほぼ日の上場だ。

数多くのベンチャー経営者が、株式上場を目指している。また現在、上場企業で働く人も多いだろう。上場することや上場企業であることの根底にはどんな思想があるのか。資金調達でも事業拡大でもない新しい株式上場。新しい株主と企業の関係。ほぼ日の上場から私たちが学ぶことは多そうだ。

（川島）

# 第五章

# ほぼ日と社長

社長は会社を率いる存在として、大きな責任を担っている。

会社をどちらに向かわせるかといった方針を決めて、戦略を組んで社員を導く。社員に給料を払い続けていくことを約束しなくてはならない。

社員が持続的に成長することを願い、その実現に努める社長も多いはずだ。

ただ、いい意味でも悪い意味でも、社長はワンマンな存在になりがちだ。特に創業社長の場合、じぶんが立ち上げた会社への思いいれが深く、その傾向はつよくなる。

社長のカリスマ性が組織の求心力を高める側面もあるけれど、カリスマ頼りになってしまうと、現場で働く社員はじぶんの頭で考え、決断を下すことができなくなる。中長期的に見れば、それはどうしても組織の弱体化を招いてしまう。

ほぼ日は外から見ると、社長を務める糸井さんの存在感が大きいように映る。

果たして糸井さんはワンマン社長なのか、そうではないのか。また社長として、どのように会社を率い、意思決定を下しているのか。話を聞いて見えてきたのは、一般的な社長とはちがう糸井さんらしい社長の姿だった。

**――糸井さんが社長になろうと思ったきっかけはなんですか。**

**糸井**　きっかけはわかりませんが、社長になったんだなと自覚したときのことはよく覚えています。人間ドックを受けるようになったときとタバコをやめたときに、「ああ、ぼくは社長になったんだ」と思いました。

人間ドックは「ほぼ日刊イトイ新聞」を始めて割とすぐの一年目、二年目くらいのときです。そのあとにタバコもやめました。じぶんひとりの身体じゃないということを自覚するようになったんです。

**――人間ドックを受けて、タバコをやめて、社長としての意識が芽生えたんですね。**

**糸井**　いや、そんなに簡単には変わりませんよ。社員が結婚するとか子どもが生まれたとか、そんなニュースを聞くと、最初の頃は言えないし言わなかったけれど、「大丈夫かよ」と思っていました。「おめでとう」と言いながら、同時に「うわぁ大変だ」と。

ただ、そう考えていることが間違っているんだとも感じていました。

困ったことが起きて恐ろしい気持ちがあっても逃げるわけにいかない。じぶんの考えを変えたり、働き方を考えたりしないといけないと、わかっていたんだと思います。

その意味では、ドラマみたいなきっかけはありません。稼ぎ方も知らないところから、どうやって食べていけばいいんだろう、どんなふうに社員の子どもを養っていけばいいんだろうと考えていったら、経営の端っこのところをつかまざるを得なくなった。それで、勉強をしていきました。

じぶんがチームでプレーしているときに生き生きしている人間でありたいと思ったわけです。そうでなければ、誰も言うことも聞いてくれないし、あてにもしてくれませんから。

## 社長がいなくても大丈夫にすること

――糸井さんが考える社長の役割はどういうものですか。

**糸井**　いま、ぼくの思う社長の役割は、社長がいなくても大丈夫なようにするにはどうするかを考えることです。

ぼくはもともと組織や会社に縁がなかったし、好きでもありませんでした。最初に小さな会社に入ったあとは、ずっとフリーで活動していましたから。

フリーのときは「ぼくがいなかったらダメでしょう」と思うようにしていました。そういうところとばかり仕事をしていたんです。

**――「糸井重里」という個人を指名している、と。**

**糸井**　そうです。そこで広告をつくって「ほら、うまくいったでしょう」と結果を出すことがぼくの仕事だったわけです。そのときにはぼくなりの創作の秘密も多かったし、コツのようなものがあったとしても、人には教えませんでした。

本当の意味で人と一緒に活動を始めたのは、「ほぼ日」を創刊したときから。五〇歳近くになってようやく「組織」を始めたわけです。

最初の頃、組織というのは言ってみれば海賊のようなものだと考えていました。

――どういうことですか。

**糸井**　要するに、仕事がおもしろくてしょうがない人たちが集まって、いつ寝ているんだかわからないような状況で、人があっと驚くことをしてしまう。そんな人の集まりです。会社でやっている仕事が人気者になったらうれしいなあと思っていたんです。人はほめられたらうれしくなってもっと頑張れます。その繰り返しができたらいいなあ、と。

ぼくはいまも昔も「ご近所の人気者」でいたい人間です。けれど、その状態をキープできる人はそんなにいません。過去にあった天才組織のようなものも、早くに解散することが多かったですよね。

もちろん、そんな会社のあり方もきっとあるのだと思います。けれど、もうそんな時代ではないということが、ぼくもだんだんわかってきて、それぞれが手分けをしてきちんと仕事をするチームになっていきました。

そのとき、じぶんの生き方そのものをつくり直さないといけなくなったんです。それまでは、ぼくのアイデアやコンセプトをもとに、みんなが一緒に手を動かして「これができました」「あれができました」とやっていました。けれど、少しずつぼくの仕事をみんなができるようになっていった。そこからぼくはだんだんと「みんなが働きやすくて、よろこんでくれる場にするにはどうしたらいいだろう」と考えるようになっていきました。

## 社員と一緒に考え続ける

**——そのような場を目指して、糸井さんは社長としてなにをしているんですか。**

**糸井**　社員と一緒に考えています。先にわかったことは伝えるし、社員に足りないところは助けています。まだできていないかもしれないけれど、少なくともそちらに向けてきたつもりです。それがだんだんと芽を吹いてきました。

うちは、普通の会社でみなさんがやっているような大変なことがなくてもいいようにやってきました。トップにOKをもらうためのプレゼンも必要ありません。ですから少しのんびりして見えていたかもしれません。それがこのところ、ちゃんと仕事ができるようになってきているんです。

**――普通の会社では、昔から続けてきた大変なこと（たとえば長い会議）を、社員は変えてほしいと思っています。それなのに、どうして変われないのでしょうね。**

**糸井**　そうあるべきだとしても簡単には変えられない面がたくさんあるのでしょう。

正しそうなことを口で言うだけならやさしいけれど、現実にはそれを変えられない理由がいくつもあります。逆に、正しそうだけれどそもそもその正しさを疑ったほうがいい、ということもあります。たとえば〝平等のマジック〟のようなものにみんな足を取られてしまう。「本当の平等ってなんだろう」と。

でもそれは永遠にわからないことだし、ぼくは「本当の平等」はないと思っています。

## 幸せを追求する環境をつくる

――ほぼ日では、社長の仕事と社員の仕事の区別があまりないのでしょうか。

**糸井**　社長に求められるのは、社長本人が元気で楽しそうで、社員がメシを食えるように給料を支払うことです。給料が払えるかどうかが一番の問題で、社長が絶対にやらなければいけないのは、それでしょう。

ただ、毎日おにぎりを配ったからといって、メシを食わせていることにはなりません。社員がじぶんの幸せをそれぞれ追求する環境をつくることが、「メシが食える」ということですから。

社員の一人ひとりが、誰かになにかをしてあげるところまでが、じぶんの幸せに含まれます。それがメシを食うことです。

それは東日本大震災の被災地の方々と付き合って勉強したことでもあります。助けてくれる人に「ありがとう」とお礼を言うばかりでは、どこかにつらいものが残ります。人が人になにかをしてあげる、というところが足りないからです。

たとえばうちの若い社員が同級生の誰かと会って、ごく普通に「今日はおごるよ」と言っている。そんなところを見たいじゃないですか。そういうことだと思うんです。

**――それが「人をよろこばせること」とつながっているんですね。糸井さんは、社長としてどのように決断を下しているのでしょうか。**

**糸井** 決断のプロセスは一定ではありませんが、とにかくずっと考えています。決断するまでには、だいたい考え終わっています。ただ一方では、決めずにグズグズしていることも山ほどあって、いつか答えが出たりもしますが、いつも迷っていますね。

**――つよいトップダウンがあるのかと思っていました。**

**糸井** まったくありません。よく会社の組織を人間の身体にたとえて、「脳＝経営者」が、

「手足＝現場の社員」を一方的に動かすというようなことが言われますが、ぼくはそれは違うと思っています。

手足の筋肉がものすごくつよかったり、指先がとても器用だったりする場合は、脳の思考よりも手足の都合を優先させればいい。つまり、身体のほうが自律的に動いて、脳がそれをカバーするということがあってもいい。実際、人間の身体も、脳よりも身体が先に反応して、脳がそれを受けてあとから動くことはあると思います。

## 間違いのない完成図を求めてはいけない

**――社長として判断を下したことで、「あ、間違えた」ということはありますか。**

**糸井**　あります。そのときは取り返すようにしています。つまり九回裏で負けた試合なら、「よし、一〇回までもっていって頑張ろう」と言ったり、急にボールを変えたり、一回休んだりするようにしています。そのときは記憶とイメージと損得と笑顔といったようなものが、くるくる、くるくると回っています。

**――記憶とイメージと損得と笑顔と、ですか。笑顔が入るのがおもしろいですね。**

**糸井**　みんなが渋い顔をしているところから、いいものは生まれません。「うわー、みんながよろこんでいるぞ」といった笑顔が見られるのが最高なことで、いいに決まっています。

それに成功したとしても、たいがいの場合はいくつかの偶然が重なって、勝ったり当たったりしてきただけのことです。だから間違いのない完成図を求めてはいけないし、そもそもそんなものはつくれっこありません。

**――社長になるといろいろ見えてくるし、よりよくなってほしいと思って社員に指示を出したり、注意したりするものです。糸井さんもそういうことを言いますか。**

**糸井**　実は、ぼくが「はい」「わかりました」と言うだけのことがものすごく多いんです。社員にそれなりに考えた形跡があるときは、「ああ、そうしたいんだね」とか「そう思ったんだね」というふうにぼくは受け止めますから。

**——意外とこらえているんですね。**

**糸井**　こらえているつもりなんてありません。それと、うちの場合は「もっと」というよりも、「待て」という発想をするほうが多い気がします。

「待て」というのは「考え方によっては、もっと違うことになるんじゃないの」ということもあれば、「やらないほうがいいんじゃないの」ということもあります。

**——社員のみんなが、糸井さんにそう判断を仰ぐんですか。**

**糸井**　いやいや、判断を仰ぎにくるのではなくて、相談に来るんです。「糸井さん、どう思います？」と聞きにくるので一緒に考える。「ぼくがいれば大丈夫」となってしまうのが一番よくないことですから。

――本当かなぁと思ってしまいますが。

**糸井** 信じてくれないかもしれないですが、うちはずっとそういうことをやってきました。ですからこのところは、みんなじぶんでしっかりと考えるようになっていますね。

ただ、つまらないミーティングをしているのを見ると、場ができていないんだと思って、あえてかき混ぜに行くこともあります。

## 「じぶんのリーダーはじぶんです」

――社員をしかったりしないんですか。

**糸井** あまりありません。あえて言えば、「毎年どうして同じようなことをやっているんだよ」と言うことがあるかもしれません。でも「実はそこには理由があって……」と言い返されて話を聞いていくと、「へえ」と思うことが出てきて、「ぼくには思いつかなかったな」ということがあったりする。それはうれしいですね。

新しいことは、うれしいぶんだけリスクもあるわけで、そのリスクをどうつぶしていくかは、ぼくが代わりに考えなくてはならない仕事だとも思っています。

**——なんだかいい社長ですね。**

**糸井**　ぼくはいい仕事をしたいだけで、それを「いい社長」と言ってしまうのはどうかなぁ。特にここ一年くらい、社員からいいアイデアが出るようになって、ぼくはもっといい仕事をしようと思うようになりました。いい仕事がたくさん生まれる場をつくらなくちゃ、と。

**——普通の社長は、「ピリッとしてないから、しゃんとせい」といったようなことをかならず言います。**

**糸井**　うちの場合もそれを言う役割はぼくです。「いまは結構、大変なときだよ」とか。でも気をつけないといけないこともあります。危機感のようなものは、身体が弱っているときに感じるものであって、それをわかったうえで言わないと、単なる押しつけになってしまいます。すごく危ない状態になってから「どうにかしなさい」といったことを言うのは、あんまりいいことではないので。

**——普通の会社では、「危機的な状況にあるから大きな変革が必要だ」といったようなことが、ものすごく頻繁に言われます。**

**糸井**　それは、たとえば営業の仕事で一日一〇〇軒回れと言うのと同じで、あまりいいことではありません。

人間は、じぶんのいるところが危なくなると、ほっとしていいところに向かいたがるものです。そのとき、危ないところで踏ん張れと言われてしまうと、じぶんにとっても会社にとってもよくないほうに向かってしまう。

それよりも、野球選手で言えば、内野手がすぐにダッシュできるようにいつもかかとを上げているようなことのほうが大切なのではないでしょうか。特別なことはなにもなくて、誰でも筋肉と意識があれば、ラジオ体操のように毎日続けられるわけですから。

――「売上目標を一〇%上方修正するから死ぬ気で頑張れ!」と言われた社員の気持ちとはまったく違ってきますね。

**糸井**　ぼくは「じぶんのリーダーはじぶんです」とずっと言ってきました。つまり誰かのせいにするのではなく、じぶんが覚悟を決めて選択する。じぶんのリーダーとして、じぶんで判断するわけです。社員一人ひとりがそうなって、「あなたたちがいてよかった」と言われるチームになっていけるといいと思っています。

**つよいブレーキを持っている**

――でも、糸井さんは有名人で、社内では社長ですから周りがチヤホヤすることもあるんじゃないですか。

**糸井**　チヤホヤについては、じぶんでいつも観察するようにしています。「あ、このチヤホヤはいやだな」とか「明らかに言われすぎだな」とか。

**——ちょっとかっこつけている気がしますけど。**

**糸井**　そうではなくて、いい気になりそうなときのブレーキが、ぼくの中にあるんです。「これってお金は入るけどフェアじゃないんじゃないか」「人気者になりたくてガツガツしていないか」「誰かを悪者にしていないか」「逃げていないか」とか、とにかくブレーキになることばかり考えています。

**——ただ、人間はチヤホヤが続くと、だんだんとブレーキを踏まなくなります。**

**糸井**　それでもダメになりたくないと思ったら、誰だってアクセルではなくブレーキを踏もうとするんじゃないでしょうか。ぼくは昔からじぶんをたいしたことのない人間だと考えていて、その意味ではあまり自己肯定的ではありません。だからずっと、つよいつよいブレーキを持ち続けてきたのかもしれません。

**――そうやってブレーキを持っているのは、つらくないんですか。**

**糸井**　つらいですけど、やってしまってから「ああっ」って後悔するのはいやじゃないですか。そうならないじぶんが、ぼくにとっての憧れなのかもしれません。

**――ブレーキが踏めなくてグイグイ行って、最終的にダメになる人もたくさんいます。**

**糸井**　ダメになりたくないとつよく思っていたら、人はおのずとそちらに行かないはずです。ぼくはそうやって踏み外した人をたくさん見てきたからかもしれないけれど、できるだけじぶんはそうなりたくないと思っています。それは、「みっともない」という感覚よりも、やっぱり「かっこいいほうがいい」と思っているからです。

**――その感覚をいつ頃から持っているんですか。**

**糸井**　その思いがつよくなったのは、「ほぼ日」を始めてからですね。扶養家族が増えるわけだから、当たり前のようにそういうことを考えるようになりました。

うまくいきはじめてからは、よりブレーキのことを考えるようになりました。たとえばゴルフでも、周りがチヤホヤすると、他人の見ていないところなら一打飛ばしてもいいかもと思うようになる。そこがダメなんです。なぜなら、誰も見ていなくても誰かが知っているわけですから。それを「天」と言う人もいれば、「私」と言う人もいる。

ぼくがズルをしてゴルフのコンペで優勝したとします。人から「おめでとう」と拍手をされたときに本気でよろこべるか、ということです。そういうことが平気になっていくと、人はいろいろな危ないことをするようになりますよ。

## 「いい方向」に行くための航海図

**――会社を率いる方向はどのように決めていますか。**

**糸井**　どこに行くんだろうといつも無意識に探しています。すると、よさそうだなと感じるときがあるんです。そしたらかならずその方向に行くことにしています。方向が少し見える気がするだけでも、近づいてみますね。

**――糸井さんは、ずっと先まで見えているのだと思っていました。**

**糸井** そんなことは一つもありません。三年先を考えるには、一〇年先のことも考えていないといけません。そんな先のことが見えるはずがないと言いたいところですが、「いい方向」はあるわけですから、そこに向かう航海図を描くようにしています。

そして、「こっちに行こう」と決めたら、勝算を証明できなくても行っていい。世の中では「勝算をはっきり出してから行け」とよく言われます。でも向いている方向が合っていて、おもしろくなる可能性があるのなら、どんどん進んだほうがいい。

商品でもサービスでも、なにかが当たったときの話を振り返ると、まるで必然のようにヒットするまでの経緯が語られるものです。ただそのほとんどは、いくつかの偶然が重なっただけでしかありません。環境の変化に適応できた生物が結果として残ったという「進化論」

に近いものです。

ぼく自身は、社長業が一番得意な仕事だとは思っていません。

ただ、ぼくでも社長をやっていられる組織をつくったことは、ぼくが社長としてやった大きな仕事だと思っています。

## 大事にしているのは、肯定感

**――ほぼ日は、上場の約一年前に「夢に手足を。」という言葉を発表しています。ほぼ日の考え方が伝わってくる内容です。**

**糸井**　あれは「ほぼ日がどういうことをしていく会社なのか」を言葉にできないかということをずっと考えていてできたものです。この言葉が見つかったことで、ぼくらがなにをするチームなのかがわかってきました。

夢には翼しかついていない。
足をつけて、
歩き出させよう。
手をつけて、
なにかをこしらえたり、
つなぎあったりさせよう。
やがて、目が見開き、
耳が音を聞きはじめ、
口は話したり歌ったりしはじめる。

夢においしいものを食べさせよう。
いろんなものを見せたり、

たくさんのことばや歌を聞かせよう。
そして、森を駆けたり、
海を泳いだりもさせてやろう。

夢は、ぼくたちの姿に似てくるだろう。
そして、ぼくらは、夢に似ていく。

夢に手足を。
そして、手足に夢を。

——

誰もが夢を形にしたいけれど、なかなかできません。「夢に手足を。」は決して簡単なことではありません。けれど、その気になれば実は誰でもできるのかもしれない。そう思わせてくれるものが、ここにつまっている気がしました。

**糸井**　手足を持てない夢は消えていくし、夢を持てないままの手足は切ないですよね。

──組織の歯車になって、「夢を持てないままの手足」になる人は少なくありません。けれどほぼ日では、「夢に手足を。」で言っていることができるんですね。

**糸井**　そうでなければ、あえて言葉にして社員に伝えようとは思いませんから。

少しおおげさな言い方ですが、ぼくが大事にしているのは肯定感のようなものです。同じものを見たときにおもしろいと肯定するか、つまらないと否定するかは、人それぞれです。ぼく自身は否定感を抱えている人間ですが、「生まれてよかった」と思える人が集まる社会のほうが人を幸せにするはずです。だから肯定感につながるものを提供することが、ほぼ日のベースにあるのだと思います。

──ほぼ日は「夢に手足を。」をやっていく会社ということですね。

**糸井**　そうです。じぶんたちがやっていきたいことをどう実現していくか、しっかりと目を向けて頭や手足を動かしていく。それがほぼ日という場に集まってくれて、たくさんの人たちによろこんでもらうために、一番大切な方法だと考えています。

## いい悪いのものさしが、風土になる

**――ほぼ日では、毎週水曜に「水曜ミーティング」を開いて、糸井さんが社員に向けて一時間ほど話しています。**

**糸井**　毎週開く正式なミーティングで、とにかくぼくはそこで話し続けています。

ぼくにとっては水曜ミーティングを軸にして一週間暮らしていると言えるくらい大事なことです。「次の水曜日にはなにを話すのか」「このことはぜひ言おう」とずっと考えているから、それは大変です。

でもいろいろなことを根づかせるには、一つひとつの仕事の中で刻みつけることが大切なんです。仕事の中で「これはいいよね」「これはダメだよね」ということを繰り返していって、いい悪いにものさしを持つこと。それを日々続けることで、ほぼ日の風土ができていくのだと思っています。

**――社長が社員に向けて話す場はだいたい訓示のようになります。緊張した空気が漂って、いいことを言っているけれど、おもしろくない。社員も社長の長い話を我慢して聞いている。でも水曜ミーティングに参加すると、みなさん熱心に聞いていました。**

**糸井**　いや、寝ている人もいるんじゃないですか(笑)。こういう会も、みんながよろこんで聞いてくれているとは思いすぎないほうがいい。人ってそんなものですから。それで、ぼくはバカになることをやっているわけです。

**――バカですか。利口なやり方はあるんですか。**

**糸井**　利口というのは「聞いてくれない、理解しないんだったらやらない」ということです。

ぼくがやっているのは「聞いてくれないかもしれないけど、やってみよう」ということですから、バカのやることです。

**――それをずっと続けているんですよね。何年ぐらいですか。**

**糸井**　一五年ぐらいでしょうか。社員がまだ二〇人いるかいないかという時代から続けていますから。毎週水曜のこの時間は社員もなるべく出かけないようにして、みんなで顔を合わせて、しっかりと話せるようにとスタートしました。

**――そこからずっと続けているのはなぜですか。**

**糸井**　やっぱり場や環境をつくることが大事だと思っているからです。

昔、大きな水槽で魚を飼っていたことがあります。肉食の魚で、エサを食い散らかすから管理はややこしいんです。

けれど、それを放っておいて水が酸化したりアンモニアが増えたりすると、魚がよわっていきます。問題に応じたサプリメントのようなものもあるんですが、これは一つ入れてしまうと、ずっと次のものを入れていかないと取り返しがつかなくなる。

そこでぼくが考えたのは、「この薬でこう対処する」ということよりも、「健康な水ってどういうものなんだろう」ということでした。水がきれいになれば、腐ったものは自然と濾過《ろか》されます。それを徹底的に考えることが、魚を飼うことだと思ったわけです。極端に言えば、魚を治療するより水の問題を考えて、できるだけなにもしないようにすること。魚を飼うということは、水を飼うことだという結論にたどり着きました。

組織にも、同じように自然治癒力があるのだと思っています。

一つひとつの問題に向き合って、「きみの言いぶんを言ってみろ」とやるよりも、環境を整えたほうがずっとよくなる。人間関係もそうでしょう。うまくいかない人たちに、「きみときみはもっと仲良くせい」と言ったってそうはなりません。違うところで環境を整えて、「いつの間にか直ったね」「意識しなくてよくなったね」となるほうがいいはずです。

## 陰口が相手にされない環境をつくる

――組織が大きくなると、どうしても風通しが悪くなって、社長や幹部にいやな情報が上がらなくなります。ほぼ日ではそういうことは起こらないんですか。

**糸井** ありません。いやな情報もいい情報も上がってきませんから。どちらも上がらないと思っていい。そんなことは、ささいなことです。

それもうちは絶えず社員同士がお互いに取材をしていますから、そんなものは簡単にばれます。大事なことは、情報が届くかというようなことではありません。それよりも陰口やイジメがあることはいやですよね。組織が腐っていきますから。

――ほぼ日では陰口がまったくないのでしょうか。

**糸井** 一つもないなんていうことはないわけですが、多くはないと思います。陰口もあるだろうけれど、そこにみんなの興味がいっていない。いつも陰口を言っている人が、みんなから「またそんなことを言っている」と思われて、自然に言わなくなる環境をつくることが大事なんです。

**――社長の中には社員をえこひいきしてはいけないと考えて、社員との距離の取り方に悩む人も多いようです。**

**糸井**　ぼくはそういうことは平気でやっていますよ。単にぼくの都合で仲良くしているだけですから、えこひいきですらありません。そして、それは仕事ができるとか仲間だとかいうこととはまったく違う話なんです。

「社長はみんなを平等に扱ってください」といったことは一番つまらない話です。そういうことを言いだす人がいたら、ぼくはきっと「きみがもっとおもしろくならないといけないんじゃないか」と言ってしまうと思います。

以前は社員みんなと順番にご飯を食べたりもしていましたが、それがまぁ、つまらなかった。全然楽しくありませんでした。お互いに義務になってしまいますから。

社員全員と面談したこともあります。そのときも楽しいことは一つもありませんでした。みんな結局、おもしろいことを言わなくなってしまいますから。

面談や食事でなにかが解決するわけでもありません。勤務時間がどうだとか、いまの部署がいづらいとかいった問題は、仕事として対処すべきで、神さまのように社長が「全部を見通しているのは私です」という立場になるのはやっぱりよくない。問題に取り組むことは、普段からできるわけですから。

## 次期社長を立候補制で決めてみる

**――いずれは社長を譲ることも考えていますか。**

**糸井**　ぼくの技術や個性に頼って事業を続けていくと、ぼくがいなくなったとたんにすべてがなくなってしまいます。「ぼくの個性がみんなによろこばれている」というような血迷ったことを言っていたら、ほぼ日はとっくにつぶれていたでしょう。ですから、時期が来たら、ぼくの存在がいらないと言われるようにしようと思っています。

いつか、ほぼ日とぼくが競合することがあってもいい。ぼく個人とほぼ日がライバルになって、お互いにおもしろいから「じゃあ、手を組もう」といった形で仕事ができるようになると最高でしょうね。

**――ほぼ日から糸井さんがいなくなっても成立するのでしょうか。**

**糸井** 成立できると思いますし、それは楽しいに違いありません。

**――後継者の育成についてはどう考えていますか。**

**糸井** 一つのアイデアとしてですが、どういう人が後継者になるかについては、ぼくが指名するのではなく、立候補制にするというのもありだと思っています。じぶんから手を挙げた人のほうが、発言や行動に責任を持つはずですから。

「糸井さんはこういう方針だったけれどぼくは違う」でもいいいし、「ここはいままでと同じようにする」でもいい。それも含めて本人が手を挙げて立候補をして、社員に約束する。投票するほうも「この人は本気で言っているのかな」と確認したり、「質問をしてもいいですか」と話を聞いたりして、真剣なやり取りが起こるはずです。

そして社員のみんなが、じぶんたちがほぼ日をどうやっていきたいのか、心の底から考えるようになるでしょう。そのプロセスが大事なんです。

**——具体的にいつ頃と考えていますか。**

**糸井**　以前は考えていましたが、それは撤回したので、まずはぼくが七〇歳になってからかなと思っています。七〇歳になったら、じぶんで決めておく必要がある。

そのとき、後継者についてどうしましょうかと本気で考えることにしているんです。

ほぼ日を率いる糸井さんは、日本を代表するクリエイターとして、世に名の知られている存在だ。そのため取材を始めるまでは、割とワンマンに会社を引っ張っているのではないかと想像していた。

ところが、糸井さんが語った社長像はまったく違っていた。

社長の役割は「社員がメシを食えるように給料を支払うこと」。じぶんたちがやりたいことを本気で考え、頭や手足を動かして実現すること。それによって人がよろこんでくれて、社員は「メシが食える」ようになるのだという。実にまっとうな人育てを正面からすることが、社長の仕事だと語るのだ。

それも社長が一方的に社員を動かすのではなく、社員が自律的に動くことを目指している。

わかっていることは社員に伝えて、わからないことは社員と一緒に考える。それが社長の役割なのだという。そして最終的には、「社長がいなくても大丈夫にする」。そのために、社員が「じぶんのリーダーはじぶんです」という意識を持つこと、つまり社員一人ひとりが覚悟を決めて判断し、動くことが大事であり、そんな会社になってほしいと本気で願っている。

会社がいい方向に向かうための航海図を描くのも社長の仕事だ。

多くの会社では通常、それは「経営方針」などの形で示される。これに沿って予算が振り分けられることもあるし、そもそも経営方針そのものが抽象的な内容にとどまるケースも少なくない。

一方、ほぼ日では毎週「水曜ミーティング」を開いて、糸井さんが社員に一時間ほど話をしている。会社の向かう方向や考え方について、さまざまな角度から直接、糸井さんが思いを伝えている。社員がしっかり理解したうえで実践につなげられることを願ってのことだ。

後継者についても考えている。一つのアイデアとして立候補制を例に挙げるなど、糸井さんがいなくなっても、ほぼ日で働く社員たちが「じぶんの会社」と考えられる環境をつくろうとしている。「じぶんから手を挙げた人のほうが発言や行動に責任を持つはず」という理由にも説得力がある。

糸井さんが社長として実践する仕事は、どれも根底に「みんなが働きやすくて、よろこんでくれる場にするにはどうしたらいいか」という問いがある。その姿勢を、「理想的だけれど実際には無理」と思う人もいるかもしれない。

けれどこの先、あらゆる企業が利益や給料だけで人をつなぎとめることが難しくなっていく。そのときに問われるのは、会社を率いる社長の姿勢や理念だ。

社長ばかりではない。部長、課長、チームリーダー……。糸井さんの語った社長の仕事は、仲間を率いる一人ひとりのリーダーたちに、大きなヒントを与えてくれるだろう。（川島）

# あとがきにかえて

糸井 重里

この本、「すいません経営」と略されるのだろうか。

最初にお断りしておきますが、この本のタイトルに「すいません」と入っているのは、ぼくのせいです。もともと、いろんなタイトル候補があったのだけれど、ここはストレートに「ほぼ日の経営」としようではないか、ということに話がまとまりかけていたのです。

ただ、やっぱり、ぼくには、「これがほぼ日の経営だ」と大上段から言えるようなものじゃないという気持ちがあったのです。言い方はへんだとわかっていますが、経営をしたくてしているというよりは、「ああしたらいいんじゃないか、こうしたらどうだろうか」ということを繰り返しているうちに、「ほぼ日」がつくられてきたという実感があるのです。

それをまとめて「経営」なのだと言われたら、それはそれでいいのですが、いやぁ、だとしてもちょっと身を小さくしておきたいという気持ちはなくなりません。とにかく、頭を下げて、卑屈に見られてもいいから「すいません」くらいは言っておこうと思って、お願いしたのであります。

その結果、かえって不遜な印象を与えてしまったとしたら、これはもうしょうがないと、そんな事情です。

なんのために、「ああしようこうしよう」とじたばたしてきたかと言えば「もともと、あまりにもわかっていなかったから」だと思います。そして、なんとか「いやじゃない会社」にしたかったからなのだと思います。

もともと、ぼくは公言していましたが「働くことがいやだ」と思っていた人間です。

小学生のころに、寝る前にくよくよ考えたものです。いまは学校に通って、それなりに授業を受けたり友だちとバカをやったりしながら過ごしているけれど、いずれ大人になったら毎日働かなきゃいけないらしい。上役とかお取引先とかいう言葉は知りませんでしたが、とにかくぼくみたいな人間は、毎日、あちこちから怒られたりいばられたりしてばっかりになると思えたのです。映画やテレビのドラマの影響かもしれませんし、二日酔い気味の父親が、いかにもいやそうに仕事場に通っていたのも関係あったかもしれません。

社会に出たら、働かなきゃいけなくて、思ったような時間に遊んだり、眠くなったら居眠りしたりなんてことは許されるはずはない、らしいのです。そんなこと、とても無理です。ぼくは勉強も嫌いでしたし、すぐに眠くなっちゃう子どもでしたから、他人にそのようすを見張られていたら、もうどうしようもないです。絶体絶命の毎日でしょう。

そういう未来のじぶんの姿を想像すると、大人になって働くようになる日がくるのが、怖くてたまりませんでした。布団をかぶって、泣いたことを、ぼくはいまでも憶えています。

しかし、それでもなんとか大人になって、実際に働かなきゃならないということになったら、泣いた小学生の想像とはちがっていました。

仕事をすることの一つひとつは、そんなにつらくはない。しかも、最初はつぶれそうなデザイン会社に入ったものですから、全体にいい加減なムードが漂っていて、働きたくないはずの新人であるぼくのほうが、「こんなことでやっていけるのだろうか」と心配になったくらいでした。デザイナーもカメラマンも営業も、じぶんのことばかり考えているのは、世間知らずのぼくにもよくわかりましたし、ぼく自身もそういう会社にふさわしいデタラメな働き方をしていました。でも、先行きのどうにもならない感じは、やがて降り出す雨雲のようにずっと会社全体を覆っていました。

だれもが予想した通りに、会社はつぶれました。つぶれて、ぼくはフリーのコピーライターになりました。

ひとりは気楽でした。フリーだということは、先行きの心配がついてくるということなのでしょうが、そういう気持ちになったことはありませんでした。毎日なにかしら「ひまつぶし」のようなことは考えられるものなので、じぶんとしては「けっこう忙しくやっているな」と思えるくらいのお気楽な毎日でした。仕事でも遊びでも、やりたいと思ったら徹夜してでもやればいいし、人の目を意識せずに昼寝をしてもいい、本を読んでいても映画に行ってもいい。

しかし、怠惰になったということもありませんでした。それなりに依頼は次々にやってきましたし、それぞれにけっこう難しい仕事が多かったので、昼寝したり徹夜したりしながらも真剣勝負を繰り返していたということなのかもしれません。

また、友人や仲間の関係でほぼ無料という仕事もよくありましたが、そっちのほうが好きなくらいなので、たのしく本気でたくさんやりました。

いま、こうして過去のじぶんのことを語ると、反感を買うかもしれませんね。しかし、こういう道を歩んできた人間だということが、いまのじぶんのやっている「チームプレー」を考えるときに重要なんじゃないかと思うのです。

もともと働くのが嫌いで、人に命令されたり管理されたりするのがいやで、がんばるときはがんばるつもりがあるし、試合があればぜひ勝ちたいという意地っぱりでもあって、人がよろこぶことをしていたいと考えるフリーの人間。こういう人間の扱いはめんどくさいのかもしれませんが、うまくつきあってもらえれば、「いい仕事しまっせ」の職人のようなものかもしれません。なんにせよ、いかにもフリーらしい考え方であり生き方だったと思います。

じぶんがこの当時にやっていたことには、一般的に考えてダメなところもあります。それこそ、ぼくが子どものころに想像して恐れていた「会社」の働き方からしたら、いろんなところが未熟で目も当てられないかもしれません。ただ、その欠点や弱点もありながら、こっちのほうがいいんじゃないかというところもあったように思えます。

こんな、フリーを二〇年以上もやってきた人間が、チームで仕事をしたいと考えるようになったのですから、これはもう、矛盾というか無理というか無謀というか、困難なことになるのは目に見えていたと思います。

五〇歳になるのを目前にして、ずいぶん晩熟だったと思いますが、「職人」のままでやっていくことに限界を感じはじめました。アイデアとか企画というようなものを考えたり、文章を考えたりするプレーヤーとしての仕事も、それを実現したり伝えたりするための「場（メディア）」があってはじめて完成するものである、と。

どうやって活躍するかで競争しているよりも、活躍したいような「場」をつくったら伸び伸びといろんなことができるではないか。そんなことを考えはじめて、実行に移しはじめたのです。それが「ほぼ日刊イトイ新聞」のスタートです。

もちろん、インターネットという「無限につながる網」が使えるぞ、という時代がはじまったからこそ考えられたことです。このへんのことは、『ほぼ日刊イトイ新聞の本』(講談社)や『インターネット的』(PHP研究所)という本に詳しいので省略しますが、この「場(メディア)」を育てていくためには、「腕がよくってきっぷのいい職人さん」を演じているだけではどうにもなりません。チームとしての試合のやり方が必要になるわけです。

チームというより「組織」という言葉のほうがイメージに近かったかな。ぼくのばくぜんとした組織アレルギーみたいなものは、まだ残っていました。チームで仕事をする、と決めてからでも、です。「組織」とか「管理」とか、ましてや「経営」なんて、個人の自由をおしつぶすものじゃないかという気持ちが、どこかに根づよく残っていました。

そのまま、「ほぼ日」は進んでいきました。「ルールは、できるだけ少ないほうがいい」であるとか、「人は、ほんとうにいやなことはしないものだ」とか、ぼくなりの哲学のようなものは変わらないままありますが、チームの仕事をやっていくということは、フリーであることと決定的なちがいがあります。

それは、とても簡単に言えることでもあります。「なにかあったとき、投げ出せない」ということです。いっしょに働いている仲間たち、お世話になっている人たち、そして、じぶんたちのやることをたのしみにしていてくれるお客さんたちがいて、ぼくらの仕事は成り立っています。「飽きたからやめます」だとか、「うまくいかないのでもういいや」だとかいうような子どもっぽい理由はもちろん、「資金が続かないので解散します」であるとか、「重大なまちがいがあったので、身を引きます」というような理由があったとしても、なんとか「どうしたら、いちばんいい道を行けるのか」というふうに考えなくてはいけないわけです。

あきれられるかもしれませんが、最初からそういう覚悟があって「ほぼ日」をスタートさせたわけではありませんでした。無責任だと言われてもしょうがないと思います。若い人たちがバンドをやるのと同じような感覚だったのかもしれません。

だんだんと、やっていくにつれて、「俺が逃げちゃダメなんだよ」という当たり前のことがわかってきたのです。逃げちゃダメどころか、もっと「まし」にしていくことを考える。それを実行していくやり方を工夫する。そうでなかったら、乗組員の結婚が決まっただとか、子どもが生まれたというようなニュースに、責任がとれないですから。

そして、さらに「読者」とか「お客さま」とか呼ばれている、外にいていっしょにたのしんでくれている「仲間たち」の存在が大きいです。何人いるのかわかりません。数え方によっては一〇〇〇万人かもしれないし、一〇万人かもしれません。日本全国だけでなく世界のあちこちにいて、「ほぼ日」をたのしみにしてくれている人たちのことが、なんだか実感として「いるんだ！」とわかるようになってきたのです。

そのとてもたくさんの人たちと、いっしょにいろんなことを付き合ってくれている作家さんや会社の方々と、「ほぼ日」のなかの乗組員たちとその家族たち。この「まるごとぜんぶ」が「ほぼ日」なんだと考えるようになりました。

組織をどうしようとか、管理をどうやっていこうとか、経営をどんなふうにしていこうとか、考えがあってやってきたことではなく、このチームをもっとみんなによろこんでもらえるようにするためには、どうしたらいいのかを不器用な手仕事のようにやってきたのが、ぼくらの歩みでした。

ですから、人間として大切な「やさしさ」を忘れてしまったら仲間たちを落胆させてしまうでしょう。さらに「つよく」ならないと風雨に負けてしまいますし、遠くへの航海もできません。ずっとこのチームを見ていたいなと思わせるような「おもしろさ」がなかったら、みんなだけでなく、ぼく自身もつまらなくなってしまうと思います。

じぶんから言うのもおはずかしいのですが、チームでの仕事をしていくために、会社をどう考えるのか、どうやって経営をやっていくのか、というようなことを勉強しなかったということでもありません。ほかの人たちとちがうやり方かもしれませんが、本を読んだり、先輩方の話を聞く機会はたくさんありました。しかし、学ぶぼくの心の奥には、いつもフリーで仕事していたときと同じように「ルールは、できるだけ少ないほうがいい」だとか、「人は、ほんとうにいやなことはしないものだ」といった人間観があったと思います。

そういうぼくの読み方で経営にかかわる勉強をしてきたということですから、世間の社長さんたちからしたら「なにも勉強しとらん」と思われてしまうかもしれません。
でも、それでも二〇周年を迎えるまでは続いてきましたし、この先のこともたのしみにしてもらえるような会社になりつつあります。

実は、いまだに新参者だという気分は抜けないままあります。だから、ビジネスの雑誌や本の取材などからお呼びがかかったときには、いつもなんだか居心地がよくありませんでした。でも、しっかりしていないと「ほぼ日」がまるごと頼りなく見えちゃうしなぁと、けっこう無理して対応していたという気もします。

そういうぼくのところに、川島蓉子さんから「経営者としての糸井重里」のインタビューをしたいという依頼がきて、やらなくて済むならやめておきたいと思ったのも本音です。
ただ、ぼくのように経営だビジネスだということと縁遠かった人も、いっぱいいるんだろうなぁと思ったのです。そういう人も、「いい職人」のようになるばかりでなく、チームでの仕事をしていったほうがいいケースも多々あるはずです。

でも、経営だのビジネスだのは苦手だしなぁとか、もともとそういうのが嫌いだったんだよねと思っているままだとしたら、ちょっとちがうかもしれませんよ、と。

ビジネス大好きですという人ばかりがビジネスをやっているのも、なんか、つまんないじゃないですか。経営のことなんか知らなくても、「みんなをどうやってたのしませるか」とか「仲間たちが幸福に生きていけるようになるといいな」とかは、考えられるじゃないですか。それを、どうやって「ほんとにするか」が経営のもともとだと思ったら、やればできるみたいですよ、と。そんなことを、年下の友人に伝えるように伝えられたらいいなと考えたのでした。

じぶんのような人間が、知らず知らずのうちに考えたり立ち往生したりしながらやってきたことも、それなりに「経営」だったのではないかと思えてきたので、この本の取材を引き受けることにしたという次第です。

大きな会社の経営者にたくさん会ってこられた川島さんの質問は、なかなか怖かったので、苦しまぎれにかっこつけて答えていたことだとか、もっとうまく言えたのになぁというようなことも、あちこちにあったと思います。なにより、「ほぼ日」もぼくも、発展途上のチームであり人間なので、ひと月会わないうちに「もっとおもしろいことになってるんだよ」と変化していることだらけです。その動きながら変わっていく感じは、いつでも惜しいけれど表現されにくいのです。そこらへんのことも、すいません。

こんな経営者ですいません。社内の何人もの手をわずらわせてすいません。日経ビジネスの日野さん、あれこれわがままを言ってすいません。装丁の佐藤卓さん、お忙しいのに本文の文字組みも含めてすばらしいブックデザインをしてくれてすいません。本を売ってくださる関係者、書店のみなさん、こんな著者なんですけどすいません。そういえばぼくは二〇〇三年からタバコはすいません。立ち読みも含めてこの本を読んでくださるみなさんすいません。

幾多のすいませんは、つまり、みなさんありがとうございましたです。

# あとがき

川島 蓉子

ある編集者から、「川島さんは、ほぼ日に関心はないですか」と言われたのが、この本をつくるきっかけでした。

もちろん以前から、ほぼ日のことも、糸井さんもことも知っていたし、ものすごく興味がありましたが、「私には手が届かない」と仰ぎ見ていたのです。でも、そのひと言が引き金になって、私の好奇心はむくむくと動き出しました。

その後、わけあってその編集者と一緒に本をつくることは叶わなかったのですが、むこうみずな私は、ツテもないのに、ひとりでやってみようと思ったのです。

まずは「会っていただけませんか」と手紙をしたためたところ、なんと糸井さんからＯＫが。

それはもう、緊張いっぱいでうかがったのを覚えています。

そして、本をつくりたいと相談を持ちかけたところから山あり谷ありの道のりがあって、かれこれ三年近くかけて、できあがったのがこの本です。

ここに来るまで、たくさんのできごとがありました。好奇心だけでつっこんでいったのはいいものの、その無謀さにあとから気づいて、ドタバタしたりオロオロしたり――。たとえば、最初に書き上げた原稿のできがよくなくて、どうしようか相談した結果、仕切り直しをしたこともその一つ。ゼロ地点からスタートする気持ちで、新たなインタビューと原稿書きしたのは、忘れられない経験になりました。

じぶんでもずいぶんと図々しいことをお願いしていると反省もしましたが、どうしても書きたいと思ったのです。ほぼ日について語る糸井さんの言葉の数々は、ビジネスに限ったことではなく、人としての生き方や暮らし方に触れるものでもありました。もともと人は、よろこびや楽しさを感じながら生きたいと思っているのに、競争や忙しさにがんじがらめになっている。けれど原点に立ち返ってみれば、そうではないやり方もできるのでは。

さまざまな人が一緒に働いていることは、よろこびや楽しさにつながるし、可能性を認め合うところから、ささやかな豊かさがもたらされる——そこには、うわべのノウハウ論や理想論とは一線を画する、ものごとの本質に触れる考えがつまっていました。

それを糸井さんや「ほぼ日」のファンだけでなく、もっとたくさんの人に伝えたいという、もの書きとしての欲ばりさが、私の背中を押しました。

そんな私の願いを形にできたことに、まずはありがたさを感じます。糸井さんをはじめとするほぼ日の方たちの温かさに、チャーミングな装丁を手がけてくれた佐藤卓さんに、そしてここまで伴走してくれた編集者の日野なおみさんに——皆さんがいてくれなかったら本になりませんでした。心からの御礼です。

川島 蓉子（かわしま・ようこ）
1961年新潟市生まれ。早稲田大学商学部卒業、文化服装学院マーチャンダイジング科修了。伊藤忠ファッションシステム株式会社取締役。ifs未来研究所所長。ジャーナリスト。日経ビジネスオンラインや読売新聞で連載を持つ。著書は『TSUTAYAの謎』『社長、そのデザインでは売れません！』（日経BP社）、『ビームス戦略』（PHP研究所）、『伊勢丹な人々』（日本経済新聞出版社）など。1年365日、毎朝、午前3時起床で原稿を書く暮らしを20年来続けている。

糸井 重里（いとい・しげさと）
1948年群馬県生まれ。「ほぼ日刊イトイ新聞」主宰。株式会社ほぼ日代表取締役社長。1971年にコピーライターとしてデビュー。「不思議、大好き。」「おいしい生活。」などの広告で一躍有名に。また、作詞やエッセイ執筆、ゲーム制作など、幅広いジャンルでも活躍。1998年6月にウェブサイト「ほぼ日刊イトイ新聞」を立ち上げてからは、同サイトでの活動に全力を傾けている。近作は『思えば、孤独は美しい。』（ほぼ日）など。

すいません、ほぼ日の経営。

2018年10月22日　第1版第1刷発行

著　者　川島 蓉子／糸井 重里

発行者　酒井 耕一
発　行　日経BP社
発　売　日経BPマーケティング
〒105-8308 東京都港区虎ノ門4-3-12
http://business.nikkeibp.co.jp/

編　集　日野 なおみ
制　作　朝日メディアインターナショナル株式会社
校　閲　株式会社円水社
印刷・製本　中央精版印刷株式会社

ISBN 978-4-8222-5786-6